科研人的硬技能与软实力

王昕璐◎著

U0275003

清华大学出版社

北京

内 容 简 介

　　本书作者在通过短视频分享科研学习方法的过程中发现，很多在读研究生对基本的科研学习方法、工具和技巧了解不足，影响了科研效率。同时，一些同学不知道如何解决科研问题、应对科研压力，以及如何走出认知误区。因此，本书旨在帮助科研"小白"提升"科研硬技能"和"科研软实力"，通过 8 章内容的叙述分享经验和方法，让研究生们快乐科研、全面成长。

本书封面贴有清华大学出版社防伪标签，无标签者不得销售。

版权所有，侵权必究。举报：010-62782989，beiqinquan@tup.tsinghua.edu.cn

图书在版编目（CIP）数据

科研人的硬技能与软实力/王昕璐著. —北京：清华大学出版社，2024.3
ISBN 978-7-302-65503-9

Ⅰ．①科⋯　Ⅱ．①王⋯　Ⅲ．①科学研究－研究方法　Ⅳ．①G312

中国国家版本馆 CIP 数据核字(2024)第 044975 号

责任编辑：付潭娇
封面设计：李召霞
责任校对：王荣静
责任印制：杨　艳
出版发行：清华大学出版社
　　　网　　　址：https://www.tup.com.cn，https://www.wqxuetang.com
　　　地　　　址：北京清华大学学研大厦 A 座　　邮　　编：100084
　　　社 总 机：010-83470000　　　　　　　　邮　　购：010-62786544
　　　投稿与读者服务：010-62776969，c-service@tup.tsinghua.edu.cn
　　　质 量 反 馈：010-62772015，zhiliang@tup.tsinghua.edu.cn
印 装 者：三河市春园印刷有限公司
经　　销：全国新华书店
开　　本：148mm×210mm　　印张：4.875　　字　数：140 千字
版　　次：2024 年 5 月第 1 版　　　　　　印　次：2024 年 5 月第 1 次印刷
定　　价：49.00 元

产品编号：101935-01

推 荐 序

当该书作者也就是我的学生王昕璐提出请我给书写个推荐序的期望，我还是有点犹豫的。因为作者通常会找有一定的知名度或影响力的相关领导、行业大咖、知名人士等作序，我感觉自己还达不到这个层次。同时，一定要对书的全文有认真的阅读并深有领悟才可以去写推荐序。不过在通读全书后，我还是欣然答应了。

对每一位研究生来说，要想顺利获得学位，需要通过开题报告、中期考核、毕业答辩等重要环节，在这些过程中，除了必不可少的努力之外，掌握从事科研工作的方法也至关重要。然而，很多学生在课题研究的过程中常常会陷入"不知该如何应对"的困境，使得进展缓慢。此外，在阅读文献、撰写论文等日常科研工作中，有的同学也会因为不得要领而效率低下。除科研能力外，个人综合能力的提升也应该是研究生培养过程中值得关注的。然而，这些"软技能"的培养和训练时常容易被导师和学生忽略。

如何做到"科研硬技能"与"科研软实力"的双重提升，是本书作者王昕璐博士一直以来深入思考的问题。她用六年时间完成了硕士和博士阶段的学习，在这个过程中遭遇过科研瓶颈，经历过论文被拒稿等难题，但她依然通过持续努力和精进方法获得了科研能力的提升。她善于总结，将自己在科研学习过程中感悟到的方法和技巧以短视频的形式分享给大家，在网络上收获了超过百万次的播放。能够兼顾好科研工作与内容分享，说明她在时间管理方面也有着自己独特的方法。为了能将自己在研究生学习阶段和从事科研工作以来形成的经验和方法分享给更多的人，她用一年的时间打造出这本《科研人的硬技能与软实力》，希望用真诚的文字为研究生和准研究生们提供建议参考。

　　本书以启迪性和可读性为宗旨，以"科研人如何提升硬技能"与"科研人如何增强软实力"为主线，总计 8 章。在科研"硬技能"提升方面，作者介绍了信息获取能力、科研动手能力、优化课题设计、论文撰写能力；在科研"软实力"增强方面，作者介绍了深度思考能力、良好心态养成、人际交往能力、时间管理能力。本书内容条理清晰，但不是空洞的说教，作者用贴近科研学习和实际生活的生动事例，以极具亲和力的语言叙述了经验方法，分享了深刻道理。

　　对研究生们来说，无论毕业后是否继续从事科研工作，本书内容都值得一读，因为书中的观点对每个人在学习、工作和生活中的思维培养、方法养成、能力训练、心态磨炼等诸多方面都能带来启示，是能够陪伴年轻人进步的优质读物。

　　作为王昕璐博士的导师，我很欣慰地看到她在自我成长的同时仍关注着研究生的高质量培养工作。研究生教育的目标理应是培养更多高层次、高素质的专业人才。《科研人的硬技能与软实力》付梓之际，愿读者学以致用、举一反三，度过快乐且充实的研究生学习时光。

钱永忠

2023 年 10 月

前　言

　　读研究生究竟是在读什么？是仅为了获得学位，还是应该将自我成长作为目标，兼顾科研硬技能与科研软实力的双重提升？

　　显然，如果能在读研、读博的过程中锻炼更全面的能力，无论是对以后的工作还是生活都将大有裨益。对很多刚刚进入研究生阶段学习的同学来说，掌握高效的科研学习方法、培养正确的科研工作习惯、学会突破课题困境和撰写科研论文就已经让他们精疲力竭了，殊不知，如果能够同时具备深度思考能力，拥有良好心态和人际交往能力，并主动提升时间管理效率，那么很多科研工作方面遇到的问题也能被更妥善地解决。

　　这正是我想要撰写本书的真实原因。我用六年的时间完成了硕士和博士阶段的学习，并从博士研究生学习的第三年开始通过短视频分享自己的科研学习方法，直到今天。我能够对每一位研究生在求学过程中遇到问题时的迷茫和无助感同身受，同时希望将自己的经历和应对困境的思考分享给更多的同学。如果这些方法能够起到微小的帮助作用，那么它们就将是有意义的。

　　我很幸运能在博士毕业后继续从事自己热爱的科研工作，也会在不断努力的过程中继续带给大家更有价值的内容分享。

　　感谢我的导师钱永忠研究员为本书作序；感谢导师邱静研究员在我读研、读博过程中给予的悉心指导。

　　感谢北京市农林科学院的郭晓军研究员、李成研究员、王蒙研究员等领导在我开展科研工作的过程中给予的帮助，他们带给了我关于科研工作的新启迪。

　　感谢我的父母和家人，他们的关心和支持是我努力前行的底气和动力。

感谢华文未来的陆离编辑、林霖编辑、余一途编辑在本书选题策划方面给予的帮助和建议；感谢清华大学出版社付潭娇编辑为本书编校付出的辛苦努力。

感谢每一位支持我的粉丝朋友，愿本书能够带给你收获，也愿我们能够继续一起前进，成长为更好的自己。

王昕璐

2023 年 9 月

目录

第1章

信息获取能力

1.1 高效文献阅读方法

1.1.1 为什么要阅读文献

1. 为什么要阅读文献

阅读文献是每一位科研人日常工作的一部分，特别是在接触一个全新的科研领域，对相关背景知识不甚了解的情况下，更要通过查阅文献资料等方式来给自己"扫盲"。然而，对刚踏入校门的研究生或刚从事科研工作的"小白"们来说，如何有效查阅文献、如何高效阅读文献、如何利用文献内容解决自己在科研工作中遇到的实际问题，这些都是需要不断摸索和学习的。在介绍文献查找和阅读技巧之前首先要明确的是，为什么要阅读文献。在笔者看来，科研"小白"阅读文献的目的应主要包括以下两个方面。

1）了解同领域学者的研究思路和学科前沿进展

科研人需要养成思考这些问题的习惯：自己正在研究的内容与领域内的其他同行相比有哪些优势和不足？有哪些新技术、新方法正在本研究领域获得越来越多的应用？有哪些最新发表的科研成果与自己正在开展的研究有重叠？这些重叠是否会对日后论文投稿产生影响？要获得这些问题的答案，查阅文献是最直接的方式。笔者是在 2015 年读研之初开始接触脂质组学这个研究领域的，在硕士阶段的主要研究内容就是利用脂质组学技术揭示环境污染物多氯联苯对神经细胞的毒性作用。笔者很清楚地记得，当时在 ScienceDirect 数据库中检索相关文献获得的有效信息很少，因为彼时脂质组学技术还没有在毒理学领域获得充分的重视。如今 8 年过去了，令人开心的是笔者在越来越多的文献中看到这项技术正在更广泛的研究中获得应用（图 1-1），而它本身也在蓬勃发展。因此，只有不断阅读本领域的文献才能积累更多的知识储备，形成对自己研究领域越来越深刻的理解和判断。

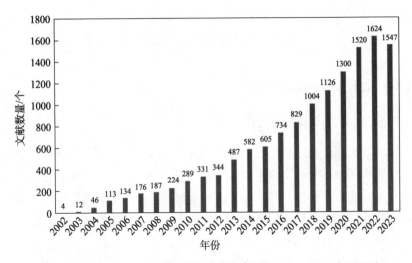

图 1-1　以 lipidomics（脂质组学）为关键词在 ScienceDirect 数据库中检索获得的文献数量统计（2002—2023 年）

2）通过梳理文献内容框架培养科研思维

对参考价值较大的文献，在阅读完毕后一定要试着梳理总体框架，站在全局的角度思考作者的实验设计思路是否值得借鉴，通过总结复盘培养自己的科研思维。在日常阅读文献的过程中，笔者发现有些论文作者在以细胞为模型进行相关研究时只设计了正向实验（例如，只开展了在某个化合物影响下细胞关键指标受到的影响）；但在另一些研究中，作者会增加反向验证实验以进一步论证结果。从研究内容的完整性和复杂性来看，第二种思路显然更值得借鉴。有很多思维导图工具能够辅助人们进行文献框架的梳理，日常可以多总结，定期回看以加深理解。

1.1.2　阅读目的不同，阅读方法亦不相同

现在的文献数量确实太过庞大了，人们不可能有充分的时间和精力把搜索到的每一篇文献全部读完。不假思索地阅读正是很多同学自认为看了大量文献却没有收获的主要原因。其实，文献阅读目的不同，对应的阅读方法也不尽相同。总体而言，人们阅读文献的情况主要包括 4 种：日常阅读、撰写论文需要、查找科研问题需要及为组会分享做储备。下面笔者将分别针对这 4 种情况和大家分享自己的一点经验。

1. 日常阅读

如果是为了研究生开题报告做准备或日常储备相关知识而阅读文献，笔者建议大家按照摘要、图表、结果与讨论、前言、材料方法、结论的顺序依次阅读。正如前面所说，由于文献数量庞大，人们在读完很多文献的摘要之后就会发现它们和自己预期想要了解的内容并不相关，这种情况下就没有继续深入阅读的必要了，应该把时间留给其他相关性更大、质量更高、更值得钻研的文献。笔者在读研、读博期间会根据自己课题涉及的几个关键词在计算机中分别建立目录，把日常读到的优质文献放在对应的目录下，以便定期回看和整理。当然，现在也有很多辅助文献阅读的软件或网站能帮助人们条理清晰地整理文献，并将那些经过反复筛选后仍值得进一步阅读的文献保存下来。

2. 撰写论文需要

完成一篇论文初稿，特别是完成一篇英文论文的初稿，对第一次写论文的同学来说是一件极具挑战的事情。在撰写论文的阶段需要查阅大量的文献，一方面为支撑论文内容储备参考文献；另一方面也需要学习别人是如何使用科学、规范的语言描述相关内容。关于这一阶段的文献阅读，笔者建议大家有针对性地、选择性地阅读，而不是通篇读完文献

全文。比如，希望了解如何准确说明某个实验结果，那就只需要看涉及同样实验内容的文献中别人是如何介绍这一实验结果的，暂且不去关注作者是如何撰写其他内容的；想了解别人如何在前言中把研究背景串连起来，那就优先学习同领域的优质期刊中相应文献撰写前言的思路，梳理上下句的逻辑关系并思考如何将之应用在自己的论文中（图 1-2）。之所以建议这样阅读，是因为它能显著提高撰写论文的效率，聚焦写作难点。

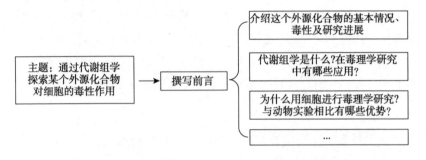

图 1-2　通过阅读文献梳理论文前言撰写思路举例

3. 查找科研问题需要

课题研究过程中，遇到困难是很正常的，重要的是如何找到解决办法。这时，文献也成了我们寻求突破口的重要信息来源。如果是出于解决实际科研问题的需要进行文献阅读，那么笔者建议大家只阅读文中对应内容即可，其他部分则可以暂且搁置不看，因为当下的重点是找到原因、突破瓶颈，将课题向前推进，所以需要把精力聚焦在问题本身。当然，还有一些情况是，需要通过文献在短时间内了解某个科学问题的基本知识。比如，在撰写课题申请书之初，预留的时间本就不多，又需要尽可能准确地掌握更多内容，此时笔者建议大家学会利用 PDF 文档中的词汇检索功能，对想要了解的关键词进行检索，然后仅看文中出现这个词汇的上下文就能大概把握这篇文献针对该内容主要做了哪些介绍。笔者也建议大家多在综述类文献里使用该阅读方法，能够相对快速地聚焦自己真正关心的科学问题。

4. 为组会分享做储备

很多课题组都有定期组织文献分享的习惯，导师们也会建议学生挑选优质期刊中的文献和大家分享。用于组会分享的文献一旦被确定下来，笔者就建议大家按照文献正常的排版顺序逐一阅读，并根据阅读进度制作有待分享的 PPT，提高效率。要想和其他人分享文献，一定要尽可能掌握每个细节，因为别人或许不会提前拿到这篇文献进行阅读，他们在分享的过程中就此产生的疑问也需要解答。另外，建议大家在阅读文献的过程中不要过度依赖翻译软件，也尽量不要将软件翻译好的大段文字直接粘贴在文献分享 PPT 里，这种看似高效的方式并不利于对文献内容进行深度思考，也失去了文献分享原本的意义。

1.1.3　文献读不进去，怎么办

读者是不是也经常下载大量的文献，但是等到真正需要花时间进行阅读的时候又读不进去了？特别是在刚接触科研工作时，很多人阅读文献的速度本来就慢，急于求成的心态往往导致文献下载数量越来越多，但真正用心读完的却没有几篇。文献读不进去该怎么办，不妨从这 3 个角度安排考虑。

1. 设定完成目标，适当安排进度

要结合自身的阅读速度和现阶段需求安排文献的阅读数量。如果是在假期阶段，那么可以集中时间多阅读一些文献，但是如果近期在追赶实验进度，空闲时间本就不多，那么就没有必要强迫自己一定要达成多少篇文献的阅读数量。科研生活也是需要结合实际情况进行动态调整的，只有合理地制定目标和规划、适当地安排进度、明确每个阶段的重点内容，才能从总体上更好地把握科研进展。

2. 通过局部阅读的方法提高效率

正如前面介绍的不同的文献阅读方法那样，有些情况下需要学会局部阅读文献，抓住一篇文献中自己最需要了解的内容就够了，省下的时

间可以用来阅读更多重要的文献，或者开展其他科研工作，这样不是更好吗？阅读文献本身不是目的，通过阅读文献能够真正收获什么、解决哪些问题才是重要的、值得思考的。

3. 提高对文献内容之外的兴趣

无论出于哪种目的阅读一篇文献，在正式阅读之前，笔者都建议花1 分钟的时间关注一下这篇文献所发表的期刊、作者信息、投稿日期、接收日期等信息。如果时间充分，建议最好在网上对期刊信息进行检索，了解一下它的影响因子、分区情况、审稿周期等细节。这些信息的掌握一方面在为逐渐了解自己的研究领域做积累，另一方面也能够提前了解自己日后投稿论文时可以尝试哪些期刊。读完这篇文献的时候，更可以不由自主地去衡量，以自己现在开展的研究内容和工作量来看，这个期刊值得投稿吗？而优质的期刊也会成为很多人的动力来源——"要是我以后也能在这个期刊上发表一篇论文就好了！"把从优质文献中学到的思路和方法转化成自己开展科研工作的动力并为之努力，或许未来真的有机会在该期刊发表自己的论文。

文献阅读是科研工作必不可少的基本内容之一，每个人在不断积累的过程中也会形成适合自己的习惯和方法，如果读者正处在还不知道如何形成自己文献阅读方法的阶段，那么不妨采纳以上建议开始行动吧，让文献阅读过程真正地高效起来！

视频：研究生如何整理读过的文献

视频：为什么你读了大量文献还是没有收获

视频码：文献读不进去，该怎么办

1.2　拓展信息获取渠道

相信很多人都听说过"信息茧房"，这个概念最早是由哈佛大学教授凯斯·桑斯坦在 2006 年提出的。它指人们关注的信息领域会习惯性地被自己的兴趣引导，从而将自己的生活桎梏于像蚕茧一般的"茧房"中的现象。随着互联网的蓬勃发展，信息茧房的实现方式更加精准，产生的影响也更加显著。因此，人们总会在大数据的推算下接收到越来越多同类型内容的推送，如类似的视频、同款的商品。深陷信息茧房之中而不自知会使接收的信息越来越单一，从而让自己的视野变得越来越狭窄。对研究生来说，除了学会高效阅读文献的方法之外，还应该学会拓展自己获取信息的渠道，了解和掌握更加丰富的信息内容，突破信息茧房，为提升解决问题的能力和规划日后发展做好知识储备。

1.2.1　研究生应该主动了解哪些信息

1. 科研热点

了解科研领域的研究热点是培养科研敏感度的一个重要方面。科研敏感度为何重要？道理很简单，无论是论文发表还是科研项目申报都会对研究内容本身的创新性做出一定要求。试想一下，当别人已经在验证某个实验现象最新的科学机制时，有人却还使用在该领域 20 年前就有的研究手段，那么必然要在创新性上落后很多。

建议大家日常可以多关注科学网、相关高校和科研院所官方网站等权威科研网站，这些网站通常会发布我国相关科研团队取得的最新研究成果供大家学习和借鉴思路。另外，每逢年末，网络上都有类似"本年度十大科学突破"的文章（表 1-1），也建议大家阅读。即使它们与自己的研究内容可能并不相关，但多了解一下国内外前沿科研热点也有助于开阔视野，培养科研思维。

表 1-1　2022 年度中国科学十大进展

序号	名　　　称
1	祝融号巡视雷达揭秘火星乌托邦平原浅表分层结构
2	FAST 精细刻画活跃重复快速射电暴
3	全新原理实现海水直接电解制氢
4	揭示新冠病毒突变特征与免疫逃逸机制
5	实现高效率的全钙钛矿叠层太阳能电池和组件
6	新原理开关器件为高性能海量存储提供新方案
7	实现超冷三原子分子的量子相干合成
8	温和压力条件下实现乙二醇合成
9	发现飞秒激光诱导复杂体系微纳结构新机制
10	实验证实超导态"分段费米面"

2. 行业现状与发展趋势

很多同学考研的目的是"逃避"本科毕业找工作的难题，或者认为与成为流水线上的工人相比，还是读书更舒服些。然而，真正开始读研后，他们将会发现这个过程并不轻松。除了课题本身带来的压力之外，研究生的就业问题也随着考研人数的显著增加等因素而日益严峻。

尽管无法改变外部环境，但多数人可以通过提升个人实力在激烈的竞争中增加就业砝码。这个过程中，人们需要对自己领域的行业现状和未来的发展趋势有相对全面和客观的认识。以笔者所在的学科领域为例，除了考取公务员这个通用赛道之外，食品科学相关专业的硕士研究生毕业后可以进入食品企业从事食品生产、食品研发、质量检测、品质控制等工作。如果想要进入高校或科研院所，以现在的竞争激烈程度来看，大部分用人单位都需要博士学位，甚至是博士后或有留学经历的博士。当然，每个人的具体情况不同，能够遇到的机会也各不相同。笔者有一个在读研期间擅长使用仪器的师妹，临近毕业时她就顺利入职了一家仪器公司，成为一名应用工程师。

除了与他人聊天掌握行业信息外，还可以查看行业信息报告了解相关情况。国家统计局官网、中华全国商业信息中心、国家部委的公开数据都可以成为官方行业信息的准确来源。

3. 时代潮流

了解当今时代需要个体拥有怎样的能力，思考自己能够顺应时代潮流做些什么，这一点很重要。没有人能够脱离时代的影响，既然如此，为什么不主动寻找自己的机会呢？

三年前想要做短视频的时候，笔者最初的想法是分享推荐书单。笔者将自己曾经读过的好书重新找出来，围绕书中内容和推荐理由创作脚本，然后拍摄、剪辑、发布视频。坚持了两个多月，结果发现自己辛苦制作的视频并没有多少人观看，却占用了自己大部分的休息时间。另一个瓶颈是，想要推荐好书就需要花费更多的时间找书、读书，然后再思考它是否真的值得推荐。对当时还在读博士的笔者来说，时间真的太宝贵了，确实拿不出更多的精力持续做这件事。后来，笔者付费参加了一个短视频运营课程，在老师的建议下转换了自己的视频创作方向，开始分享科研学习方法。没想到的是，这种类型的内容确实受到了更多人喜欢。三年过去了，短视频并没有像很多人预测的那样快速衰退，反而吸引了越来越多的创作者，我国短视频用户群体已超过 10 亿，人均单日观看短视频超过 2.5 小时。笔者也渐渐发现了一个有趣的现象，就是有越来越多的科研工作者开始重视科普视频的重要性。而在三年前，很多人是不会想到将科学知识以短视频为载体传播的。

每个时代都会有它独特的产物，同时也会带来一些机会，短视频只是其中一个。做播客、写拆书稿、学习配音等都可以促使人变成"斜杠青年"。只有当人们能够突破固有的认知，尝试在新兴事物中获取更多信息时，他们才能看到认知以外的世界。

1.2.2　如何拓展信息获取渠道

1. 重视信息差

有人说，"你与'牛人'存在差距的主要原因之一是牛人拥有你不知道的信息"。有的人还在苦于如何才能进入一个圈子时，另一些人已经在圈子的中心了，这也是巴菲特的午餐能以天价拍卖的原因。很多时候，被经验丰富的人点拨一次胜过毫无头绪地努力一个月。

无论是申请博士还是求职面试，笔者建议大家在做出最终决定之前尽可能找到内部人士询问真实情况。比如，想要报考某位教授的博士生，就可以通过直接或间接的人脉关系找到该教授的学生，深入请教与博士学习生活相关的问题。再如，课题组的氛围如何？导师是否好相处？对待学生是否用心？课题组的毕业要求是否容易达到等。只有更全面地掌握这些信息，才能知道自己究竟是否适合进入该课题组学习。如果确实找不到熟识的人进一步询问，又想要了解该课题组研究生的平均科研水平，那么还可以尝试以下方法减少信息差。

确定好目标导师后，需要在文献数据库中通过学校名称和导师姓名检索其近五年来的论文发表情况。通常来说，导师是通讯作者，这里需要重点关注论文的第一作者姓名及该论文的发表年份。接下来，重新在网上检索"某某学校某年度某学院研究生录取名单"，这样就能够确定该同学是哪一年入学的。确定好学生信息后，再重新回到数据库检索该同学发表过的全部论文，了解情况。用这样的方式尽可能全面地查询该课题组研究生的论文发表情况，看看大部分人是在研究生几年级开始发表论文的，每个研究生一般发表几篇论文，论文质量如何。以上信息能够很好地辅助大家了解该课题组的科研实力。

2. 善用搜索差

什么是搜索差？概括来说就是跟随痕迹找痕迹。很多同学在阅读文献的过程中会有这样的习惯：原本正在阅读关于某个关键词的一篇综述，作者在某一处引用了一篇文献，并介绍道，在这篇文献中，研究者围绕这个关键词开展了一项怎样的研究，得到了怎样的结果。于是很多人会不由自主地在参考文献列表中找到这篇文献，然后将它下载下来认真阅读。这种根据文献的参考文献来学习知识的方法就是"跟随痕迹找痕迹"，是一种值得推荐的方式，因为它能让人们在短时间内更加深入地了解某个问题。

借助搜索差拓展自己获取信息的能力可以被应用在很多方面，从而提高效率。比如，某单位想要在某座城市举办一场学术会议，领导需要某人协助查询当地可以承接该活动的会议酒店。这时，可以打开酒店预订 App，然后切换到所在城市，从列表中逐一打电话询问。然而，一种更高效的做法是在网站中检索该城市举办过的学术会议，根据会议通知中提到的举办地点锁定当时这个会议具体是在哪个酒店召开的，然后再查询该酒店的电话即可联系，迅速缩小查询范围。

通向罗马的路不止一条，完成一件工作的方法也不止一种。如果能够在这个过程中找到一种高效、准确、便捷的方法，那么为什么不优先使用它呢？使用搜索差就是这样一种方法。

一直以来，埋头苦干都是值得称赞的优秀品质，但不能只知道低头走路、从不抬头看路。学会用更加灵活的方式拓展自己获取信息的渠道，不但能在科研学习中帮助自己，从中学到的思维和方法也一定会在未来的工作和生活中给自己带来价值。

1.3　为什么要主动学习

2020 年对很多人来说都是印象深刻的一年。当时正在读博士二年级的笔者也不得不经历封校、居家等安排长达半年之久，博士阶段的课题也被迫停滞。不能返校的日子里，除了看文献、根据已有的数据规划论文写作，以及返修之前投稿的论文之外，似乎也没什么能做的了。

后来，笔者偶然发现，网络上竟然有很多可以自主学习的录播课程，涵盖的内容也是应有尽有。所以，也正是在那段"无所事事"的日子里，笔者自学了多门网课，涉及科研论文写作，也涉及短视频剪辑，包括 PPT 制作美化，也包括数据分析软件的使用……选择主动学习让笔者的居家生活充实了很多，这种保持工作的状态也使笔者在返校之后可以迅速调整节奏，追赶课题进度。

其实，笔者并没有奢求这些额外学习的知识一定要在短时间内给自己带来显著收益，只是在主动学习的过程中笔者发现，它们确实丰富了自己的知识储备，拓宽了自己的眼界，甚至在某种程度上重塑了自己的三观。事实也证明，正是这些曾经主动学习的内容在后来的生活和工作中给笔者带来了很多帮助。甚至之所以有机会出版这本书，其中一个原因也在于三年前笔者拿起手机支架拍摄短视频并坚持到了今天。

"博士毕业了，是不是就再也不用学习了？"

这是当时正在读小学二年级的侄子问过笔者的问题，笔者很想告诉他自己的答案，但还是笑着对他说，"对呀，所以你能不能抓紧把剩下的这三本暑假作业在最后五天假期内写完？毕竟马上小学三年级了，你离读博士又近一步了啊。"

真实答案是，主动学习应该是人坚持一生的习惯。

为什么要主动学习？以笔者的经历和感受来看，它至少可以带给人们以下三方面收获。

13.1　有助于提升独立解决问题的能力

读过研究生或正在读研、读博的同学一定都经历过身边无人帮助、只能靠自己解决某个问题的时刻。指望导师为自己解决课题中遇到的每一个难题是不现实的。一方面，导师的时间和精力有限，除了有很多工作要处理，他们名下可能也有多位学生需要同时指导，有限的时间会被再次分散；另一方面，很多研究生同学不擅长甚至害怕与导师沟通，特别是在课题不顺、实验结果不理想时，他们在向导师求助时反而会担心被导师批评。

还有的同学会习惯一遇到问题就向师兄师姐求助，但师兄师姐也有自己的课题要做，而且他们也未必恰好知道解决这些问题的办法。其实，换个角度思考，如果某人经过几年研究生阶段的学习和磨炼，在解决难题方面还是要完全依靠别人的帮助，那么说明，无论是心态上还是能力上，此人都没有获得足够的成长。

在读书期间养成主动学习的习惯，就是主动提升独立解决问题的能力，因为自学的过程注定会遇到很多困难，甚至会接触一些完全未知的内容，但是当人真正熬过了最艰难的阶段，或许就会茅塞顿开。笔者认识一位博士毕业于北京大学的姐姐，她本科就读于山东大学化学系，大三那年暑假参加了北大夏令营，凭借在夏令营中的优异表现顺利获得了保研名额。大四那年，导师给她提供了去北大做本科毕业设计的机会，能够提前进入实验室学习无疑是很好的锻炼，但是问题在于，她完全没有接触过即将用到的仪器——GC-MS（气相色谱-质谱联用仪）。面对突如其来的难题，她先是找了一本书来看，但是很快发现，此书只会对此类仪器原理进行介绍，而不会具体讲解某一个品牌的仪器如何使用。后来，她发现仪器软件中的"Help"（"帮助"）界面对很多问题有详细的解释，尽管对科研"小白"来说，那些详尽的英文解释也让人觉得晦涩难懂，但她还是认真钻研了一番。在对仪器越来越熟悉的情况下，她意外地发现，在致电仪器厂商的客服后，厂商会安排应用工程师对问题给予相应的解答。就是在不断地摸索中，她开始适应如何去做科研，也在不知不觉中完成了自己在北大的第一项任务。

如今，这位女博士已经是一位优秀的副研究员了，她也开始指导自己的研究生开展科研工作。她曾对笔者说："我自己带学生之后，一个很深的感受是，现在的很多小孩遇到问题后就会立刻向我汇报，这当然有好的一面，但另一面就是不会主动寻找解决办法。如果我没有在第一时间告诉他们该怎么做，事情就会卡在那里，得不到解决。所以，我会经常对学生说，研究生阶段的学习更是在培养一个人分析问题和解决问题的能力，这比你具体做了什么更加重要，导师的作用更应该体现在科研思路和方向上的指导。"

视频：自学能力有多重要，该如何提升

1.3.2　有助于锻炼思维，磨炼心态

人在掌握了更多的知识后，思考问题的方式也会发生改变。对科研人来说，参加学术会议是一次主动学习的机会。通过报告人的分享，人们能清晰地了解到这些科研团队在开展相关研究时的思路和方案，甚至还能从很多报告人身上学到如何做汇报才能让分享的过程更吸引人，如

何展示 PPT 才能更加美观得体。这些内容的学习也会对拓展科研思维产生积极影响。笔者曾在一次学术会议上有幸听到一位院士作报告，与其他专家不同，他在介绍报告内容的过程中时常用生动的故事、贴近生活实际的比喻引出富有极强专业性的研究内容和对应的研究结果，长达四十五分钟的报告不但没有人昏昏欲睡，反而让几乎所有人有种意犹未尽的感觉。

主动学习的过程也有助于磨炼人的心态。无论是出于何种目的、采用何种形式进行主动学习都免不了会遇到各种问题。有的人做什么事都只有三分钟热度，自学的过程也是一样，遇到难题就崩溃了，想放弃了，以至于很难学到真正的本领。董宇辉在央视的一次演讲中谈到给年轻人的建议时曾说，"耐挫"是很多成功人士身上的共有品质，他们无论经受过怎样的折磨就是不放弃。这种品质对想要成事的科研人员来说十分重要。与其用焦虑的心态对抗挑战，不如接受现实、允许困难存在，然后集中精力解决问题，而不是在内耗中怀疑自己。笔者相信，在读研、读博阶段练就的强大心态会让人受益一生。

视频：研究生应该
培养学习者心态

1.3.3 有助于学会举一反三

贯穿人们生活的很多事情背后蕴藏的道理和方法其实都是相似的。短视频的快速发展让很多人选择加入短视频创作者的行列，一部手机拍出千万播放量的爆款内容，一夜之间涨粉百万的故事已不再稀奇。然而，大多数人面临的困境是拍出的视频没人看，点赞和评论数量更是屈指可数。其实，在流量竞争越来越激烈的今天，如果不能把握"黄金前三秒"，不能用一个十分吸引人的视频开头留住观众，那么这个视频很可能被大多数人随手"划走"，自然也不会获得后续的点赞和评论。后来笔者发现，这个道理与撰写课题申请书如出一辙，无论希望研究什么内容，如果课题申请书的摘要都写得平平无奇，不能打动评审，那么它很可能也不会通过后续长篇大论的内容得到资助。

　　主动学习的过程就是让人慢慢地体会这些道理背后的规律性和关联性，通过总结感悟获得成长。它能让人在举一反三的过程中积累经验，在提升自身科研能力的过程中也起到了十分重要的作用。正是因为在读研究生期间使用过不同品牌的大型仪器，并亲自参与过日常维护和简单维修，笔者对仪器构造和工作原理有着相对清晰的了解。博士毕业参加工作后，新单位配备的仪器和笔者原来使用过的并不是同一家厂商的，笔者向仪器管理员要来了操作说明书，然后对照着每一步开始研究。有了前期对仪器各个组成模块的了解，笔者能迅速掌握新仪器的使用方法，并不感觉吃力，甚至能轻易找到仪器软件中一些关于细节设置的隐藏位置（图1-3）。而这些都得益于笔者在读书的几年时间里对同类型仪器的主动学习和钻研。

图1-3　笔者博士研究生期间独立维修过的仪器设备

　　主动学习或许不会让人收获立竿见影的成效，但它一定会在更长远的日子里给人带来意想不到的收益。愿大家能做个有心人，在主动学习的过程中收获出彩的人生。

1.4　研究生如何通过组会学习提升

　　很多课题组都有定期组会的习惯，对日常工作繁忙、没有太多精力和时间指导学生的导师来说，组会是了解学生课题研究进展和实验细节的重要时刻，而学生也应该借此把握机会将未及时请教的问题与导师进行有效汇报和沟通。对刚入门的研究生来说，了解什么是组会，以及不同类型的组会该重点听取哪些内容，对接下来的学习将有很大帮助。

1.4.1 组会的类型有哪些

1. 进展汇报类组会

进展汇报类组会是最常见的组会形式，有的课题组一个月召开一次，也有的课题组召开频率较高。笔者有一位硕士研究生同学后来考入浙江大学攻读博士学位，他所在的课题组每周都要进行一次进展汇报类组会，这样的快节奏让刚读博时的他很不适应。

进展汇报类组会的形式通常是每个人将近期在课题研究方面开展的实验及数据结果以 PPT 的形式进行展示和汇报，在汇报的过程中将现阶段存在的问题与导师和其他同门进行探讨，获得改进方案，并在 PPT 最后对下一阶段的工作计划进行罗列。

2. 文献分享类组会

除了常规的课题进展汇报外，很多导师也会定期召开文献分享类的组会，这既是督促大家阅读文献的一种方式，也是让学生从其他同领域的研究成果中学习借鉴研究思路的有效方法。

对分享人来说，在挑选文献时应尽可能选择所在研究领域中影响因子较高、分区排名靠前的期刊中的文献。优质期刊中的文献质量相对较高，思路设计逻辑性较强，实验内容更加完整，无论是对汇报人还是听众都会更有收获。至于如何制作文献分享 PPT，可以参考前文介绍的"高效文献阅读方法"的相关内容。值得一提的是，分享人应在文献分享 PPT 的最后一页归纳其对这篇文献的总体感受，比如，该文献涉及的研究内容优缺点是什么？主要学到了哪些知识或思路？与自己课题之间的联系有哪些等，这也是提升自我总结归纳能力的一次机会。

3. 研究小组讨论会

一些规模较大的课题组由于团队人数较多，导师从事的研究方向也可能不止一个，因此研究生常常会被分到不同的研究方向，或是请具有不同研究背景的小导师协助指导。这种情况下，小组讨论会的形式就产生了。当大家在课题研究过程中遇到问题时，常常会自发地与和自己研究内容相近的同门讨论，或是由小导师定期组织小组讨论会。

这种形式的组会规模较小，但也更有利于高效解决实际问题，在朝夕相处的过程中还能增进团队彼此间的感情。科研工作中，闭门造车往往是不太可取的，多与同行交流才能不断加深对某个科学问题的认识。

1.4.2　在进展汇报类组会该听些什么

回想一下，你参加组会时的状态是怎样的呢？是全程认真听取其他同学的汇报，还是偷偷玩手机？是在详细做笔记，还是心不在焉地在笔记本上乱写乱画？

既然花费时间参加了组会，就应该在这份时间中有所收获。参加进展汇报类的组会，笔者建议大家养成以下三个好习惯，无论是对研究生阶段的学习还是日后从事科研工作都将受益匪浅。

1. 了解其他人的研究内容

人的本性是只对与自己有关的内容感兴趣，参加组会也是一样。然而，换个角度思考，正是由于课题组存在不同的研究方向，大家才有机会了解本领域之外的研究内容，这些内容是读研究生期间能够获得的宝贵的免费资源，对拓展自己的知识面有很大帮助，应该珍惜。

另外，如果有机会参加学术会议，则很可能会被别人问到"你们课题组是研究什么的？"这时候，如果不但能将自己正在做的研究内容清晰地阐述出来，还能顺便说清楚其他人的研究方向，对课题组来说，也是一次不错的向外宣传的机会。当然，需要在与对方沟通时把握好尺度，如果是尚未发表的重要成果或较为敏感的研究内容，就不应该在未经组内允许的情况下向外透露过多细节。

2. 学习举一反三的本领

无论是面临科研工作，还是其他工作，举一反三都是至关重要的一种能力。遇到同样的问题，如果之前有过成功解决的经验，那么大部分人都会知道该如何处理。困难的地方就在于，很多时候人们不可能再次遇到一模一样的困境，这就要求他们基于以往的经验，通过举一反三的本领去判断和解决。

还记得在读博士期间，有位同样培养细胞的师妹在组会上说，她新买来的细胞总是传到三四代之后就不再继续生长，尽管她在操作上已经很小心了，还是改变不了细胞"离奇死亡"的现象。导师问笔者，以经验来看可能的原因会出在哪里。笔者详细询问了师妹在培养细胞过程中使用的培养基、磷酸盐缓冲液、胰蛋白酶等常用试剂，后来才发现，原来她使用的细胞冻存液比例与笔者以往在用的差别很大，而笔者之前也遇到过一次类似的情况，从而导致细胞生长出现问题，尽管细胞种类不同，但笔者认为这是导致问题出现的关键。后来，这位师妹按照笔者的建议更换了细胞冻存液，细胞也重新恢复了正常生长状态（图 1-4）。

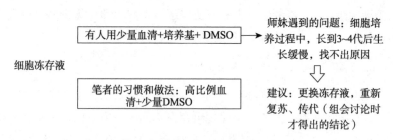

图 1-4　细胞培养遇到问题时的组会讨论方案

3. 站在"巨人"的肩膀上

站在"巨人"的肩膀上能望得更远，但"巨人"不只是那些领域内的顶级专家，笔者认为也要养成从身边人身上学习的习惯，借鉴别人的长处和优点。比如，在组会汇报的过程中，可以用心聆听别人是如何设计课题内容的，从而在思路上有所借鉴；观察别人是如何具体开展某一个实验的，从而在方法和细节上加以参考；甚至可以学习别人是如何制作 PPT 的，同样是进展汇报，为什么别人的 PPT 更加吸引人，自己以后是否也可以采取这样的方式进行汇报……只有以谦虚的心态多观察、多学习，才能像海绵一样汲取更多的养分，让自己的能力逐渐获得提升。

还有一种情况值得大家留意。有些同学不敢当着全课题组人的面将自己当下研究中遇到的问题讲出来，一是怕被导师批评；二是缺乏自信，害怕其他人的课题研究都很顺利，只有自己不顺时变得难堪。其实，大可不必这样想，因为如果不真实地说出自己遇到的问题，就无法得到别人的帮助。直面问题确实需要勇气，但"讳疾忌医"的心态只会让问题越拖越久，越来越难以得到有效解决。

1.4.3 文献分享类组会该听些什么

1. 提前阅读文献

如果时间和精力允许，那么最好在文献分享类组会进行之前的一到两天对文献本身进行阅读，一方面，这样可以全面地了解文献内容，包括期刊信息和作者介绍等；另一方面，这样还可以记录阅读过程中不理解的问题，以便在组会时向分享人请教，或与其他同学交流。如果即将分享的这篇文献恰好与自己的研究内容相关，那么也可以在阅读本篇文献的过程中进一步对文中引用的参考文献进行拓展阅读，丰富自己的文献储备。

因此，对分享人来说，在确定好分享的文献之后，应该尽早将原文发送到课题组群中，方便其他同学提前了解文献内容。

2. 重点理解文献内容设计思路

采用技术路线图对文献内容的研究思路进行梳理是最清晰的方式之一，很多学术公众号在介绍文献内容时都会采取这种方式，笔者建议大家日常可以多关注、多学习。

使用技术路线图整理文献内容的另一个好处是，由于在研究生开题报告、中期考核，以及毕业答辩的过程中都需要展示相应的技术路线图，日常利用这种形式梳理思路也是对绘制技术路线图的有效训练，这样日后无论是参加各种形式的答辩，还是从事科研工作后撰写项目申请书，都能够更为熟练地掌握和使用技术路线图的制作要点。

3. 向文献分享人提问

对研究生阶段的同学来说，认真阅读任何一篇文献都可能产生或多或少的疑问，有疑问其实是好事，这说明在阅读文献的过程中进行了深度思考。如果这些疑问没有在分享人介绍文献内容的过程中被提及，那么笔者鼓励大家主动提问。或许提出的问题也是在座其他同学的疑惑，只有相互之间深入讨论，文献汇报才有更深刻的意义。

组会是研究生日常生活的一部分，或许当下很多人正在为准备各种形式的组会PPT叫苦不迭，但走出校园后他们会发现，那些开过的组会不但成为研究生生活的独特回忆，也在日积月累的训练中提升了他们的文字提炼能力和表达能力。愿大家都能珍惜亦苦亦甜的研究生生活，在奋斗中成长为更好的自己。

视频：研究生的组会文献汇报该注意什么

第2章

科研动手能力

2.1 "一看就会，一做就废"典型原因分析

几年前，韩寒执导的电影《后会无期》上映时有一句台词曾流行过很长一段时间："听过很多道理，依然过不好这一生。"很多刚入门的研究生在学习实验的过程中也会经历类似的困扰：看别人做过很多次，似乎很容易，但轮到自己动手时却做不出结果。简言之，就是"一看就会，一做就废"。

"这个实验原来只有这几个步骤啊，看着很简单啊！"

"这个实验需要重复操作这么多次？似乎也没什么技术含量。"

"这台仪器的软件看起来也没什么难的，记住点哪里就够啦……"

然而，真正独立开展实验或操作仪器的时候，这些同学就会发现，很多看上去容易完成的实验并不容易，死记硬背掌握的仪器操作并不足以应对仪器在运行过程中突然出现的问题。如何真正掌握操作技能？如何在读研、读博期间养成良好的实验习惯？这是每个科研小白都应该报以足够重视的内容。

2.1.1 实验做不出来的可能原因有哪些

1. 不留意细节

即便看上去很简单的实验，如果不留意细节也会频频失败，让人产

生挫败感。实验做不出结果又找不到原因的过程只能逼得人像警察办案一样，在每个步骤的"蛛丝马迹"中寻找关键点。

前段时间，笔者实验室的两名硕士研究生在开展细胞实验的过程中遇到了同一个问题：细胞明明在培养瓶中生长状态良好，但只要将其转移到 96 孔板的培养环境中就会出现非正常死亡的现象。最初，大家都认为是细胞本身的问题，于是重新复苏、认真培养，但问题依然没有得到解决。排除细胞自身的原因后，大家又陆续更换过培养细胞涉及的各种试剂耗材，还是一无所获。尽管笔者带领两位同学不止一次地回顾了她们的实验操作步骤，但还是忽略掉了一个细节。后来，在与学生进一步核对操作方法时笔者才意识到，她们每次在为 96 孔板中的细胞更换培养基时都会将旧培养基全部取出，再重新加入新培养基。这样操作导致的问题就是，学生操作起来速度缓慢，当最后一列细胞的旧培养基被取出时，第一列细胞已经被"晾在一边"几分钟了，从而导致细胞状态受到损伤。

留意到这个细节后，笔者和其他同学重新改进了实验步骤：按照每取出一列旧培养基就立刻加入新培养基的方式进行换液，最终问题果然得到了解决，细胞重新恢复了正常生长的状态。

其实，很多实验都是这样，操作步骤本身的难度系数并不高，但一个细小步骤被忽略就可能导致最终的失败。真正出现问题时，先不要焦虑和慌张，冷静地回顾细节，然后逐步排查，才能使问题得到解决。

2. 机械操作，不动脑筋

很多研究生在开展课题研究的过程中都存在这样的共性问题：机械操作，不动脑筋。以一个简单的事情为例，师兄做某个实验时，试剂 A 加了 10 毫升，后来在开展同一个实验时，由于样品量缩减至原来的一半，理论上试剂 A 也应该由原来的 10 毫升减少至 5 毫升，但有些人还是一如既往地按照原来的体积操作……

科研工作需要的不是工具人，如果只知道按照别人告知的步骤重复进行实验，不懂得根据实际情况调整和改进，不知道如何查找导致结果不好的原因，那么无论是继续开展同样的实验，还是日后从事其他科研工作，科研能力和创新能力都很难得到提升。

3. 从不复盘

拉开研究生能力差距的原因或许有很多，其中一个重要的原因就是是否习惯于反思复盘。复盘体现的就是一个人的总结归纳能力和拆解分析能力，笔者会在本书的第 5 章详细讲述。

实验结果不理想时，可以通过重复实验来验证这样的实验结果是否带有偶然性。不过，不能只知道不假思索地重复，却意识不到这其中可能是由于实验条件不合适造成的。

复盘的目的是帮助人们找到问题的关键，然后解决问题。然而，有些刚接触科研工作的同学可能找不准问题的关键点，甚至矫枉过正，将一些与实验本身关联度不高的因素当成是导致实验失败的根本原因。

有名研究生同学请笔者帮她分析实验做不出结果的原因，在这个过程中，她坚持认为是移液器无法完全按照药物体积计算的理论值吸取，从而导致看不到药物产生的毒性作用。比如，实验过程中，药物添加的理论体积是 113.72 微升，前期开展实验的过程中，她每次都是按照 113.7 微升的体积加入的，她认为相差的 0.02 微升可能是关键所在……笔者无法赞同她的分析思路，只是反问她，如果向一大杯水中加入一勺盐，却丝毫尝不出咸的味道，那么再向其中扔进一粒盐，会改变水的口感吗？

4. 方法错了

许多人可能觉得不会有人在做实验的过程中犯"方法错了"这样低级的错误，但现实中确实会存在这种情况。比如，那些刚开始接触大型仪器设备的研究生同学，他们对仪器的硬件和软件都还不够熟悉，很可能在调用方法的时候错选成了其他人的方法，从而导致结果很奇怪，甚至什么结果都没有，自己却看不出这些仪器方法本身存在的差异。

"方法错了"能够说明的另一个问题就是，人们在学习和操作的过程中还不够认真。其实，每个人熟悉和掌握知识都需要付出努力和时间，想要尽可能少犯错，就要在最初阶段足够认真。比如，可以完全借助录制视频或音频、及时记录笔记等方法辅助学习，从而避免犯一些不必要的错误，避免耽误实验进度。

2.1.2 如何培养良好实验操作习惯

1. 勤于梳理实验步骤

每次实验前都应该将实验步骤整理出来。特别是对那些没有充足把握的预实验来说，提前用文字梳理实验步骤有助于理清思路，使操作者不至于在实验进行的过程中手忙脚乱。

对那些已经明确具体步骤，并且获得了最终结果的实验来说，笔者会及时将完整的实验方案整理好，并保存在计算机固定的目录下，这些方案被称为实验标准操作流程（standard operating procedure，SOP）。一方面，对研究生来说，整理好的方案可以为日后撰写论文提供文字材料；另一方面，当隔段时间需要重新开展这一实验，或是需要教别人操作这一实验的时候，就可以重新打开 SOP 文档，按照其中的详细记录回忆操作细节即可，不再需要重新摸索实验条件。

需注意，在整理的过程中 SOP 文档应尽量包含全面的信息，如试剂耗材货号、样品量信息、准确的参数设置等，这样既可以保证重复操作时条件的一致性，也省去了信息查找的时间。另外，实验过程中容易犯哪些错误、需要注意哪些细节问题也应该在 SOP 文档的最后依次罗列出来，以免再次"踩坑"。

视频：这个双倍提升实验效率的方法，你一定要知道

2. 养成留心细节的习惯

正如第一部分内容所述，细节上的失误和粗心很可能导致实验最终走向失败。因此，在学习实验的过程中要保持认真的态度，做好笔记的同时，及时回看、加深记忆。养成留心细节的习惯不但有助于解决科学问题，还会给生活和工作带来帮助。

3. 勤于思考和请教

在实验过程中遇到问题是在所难免的，但遇到困难的第一时间要学会主动思考并尝试解决。可以认真回顾别人在传授经验的过程中强调过哪些要点？这些要点是不是被忽略了？当下的实验条件本身是否存在问题等。当然，如果遇到超出自身解决能力的突发状况，那么一定要及时汇报，切勿在不了解事态严重程度的情况下莽撞处理。比如，在使用实验室某台仪器设备时遇到了故障，在自己还不了解仪器原理和结构时就主动上手拆仪器找原因一定是不可取的。这种情况下，应该找到对应的负责人或是使用过这台设备的师兄师姐前来帮忙。学会判断问题，并根据问题的性质选择恰当的处理方式同样是一种重要的能力。

4. 保持实验台的整洁

无论工作习惯如何，在从事科研工作之初就应该养成保持实验台整洁的习惯。很多学校的实验室空间有限，参与实验的学生也很多，如果在实验过程中任意摆放各种杂乱的物品，很可能会影响身边人的正常工作。另外，太过脏乱的实验台也很可能导致人们在实验的过程中找不到实验材料，从而手忙脚乱。

笔者在日常开展实验的过程中会养成这样的习惯：在注意操作规范性的同时，及时将用完的试剂、耗材收好，以便腾出更多的空间放置后续要用的试剂。这样一来，既能保证实验过程中台面相对整洁，也不需要在实验结束后花费大量的时间收纳整理。

视频：学习实验为什么一看就会，一做就废

任何习惯的养成都需要刻意练习，希望大家能在读研、读博阶段养成良好的科研习惯，收获理想的实验结果。

2.2　如何做好实验记录

高中时期，笔者是班级的生物课代表，不过，坦白讲，十几岁时笔者对生物课程的学习并没有十分强烈的兴趣，似乎只是出于课代表的"责任"笔者才告诫自己："要好好学习这门课啊，课代表考试分数太低会很丢人啊！"所以，笔者会很认真地在生物课上做笔记，即便听讲过程中有遗漏的内容来不及记录，笔者也会先把听到的关键词快速记在旁边提前准备好的一张 A4 纸上，然后在课间休息的时候根据关键词的提示再重新补充更多细节。

或许正是因为在这门课上还算努力和认真，笔者的生物成绩一直不错。还记得高中毕业那天，在生物教研室和温柔的生物老师合影留念后，她问笔者能不能把三年来的笔记也留给她，说笔者记录得很详细，她以后备课的时候可以作为参考，也想留个纪念。毕业季的伤感呼之欲出，三年来和老师相处的点滴细节再次浮现脑海……

然而，令笔者自己也没想到的是，十几年后，自己开始正式从事科研工作，并和生物这门学科产生越来越密切的联系，整理实验记录也成了日常工作的一部分。读研究生时，经常有同学在不经意间看到笔者的实验记录本时会说一句，"你记录得真是详细又整齐啊！"或许，良好的实验记录习惯就是从很久之前练习整理生物课堂笔记开始的吧。

刚入门的研究生如果还不知道该如何高效、清晰地整理实验记录，那么希望下面介绍的方法能够有所帮助。

2.2.1　实验开始前

对很多研究生而言，特别是对需要开展实验工作的理科生来说，每次实验前都不得不进行很多内容的计算，如试剂浓度、样品质量等。如果不在实验开始前做好相关记录和准备工作，那么很可能实验过程会被打断，效率大大降低。此外，提前整理记录也方便明确整个实验过程所需试剂耗材的总量，提前明确备用耗材数量是否充分。

需要指出的是，有些实验开始前的计算步骤需要通过思考、修改和优化后才能最终确定，因此不建议大家直接在实验记录本上记录，以免某个步骤需要重新调整时只能大段划掉，影响美观。不妨在草稿纸上将所有需要计算的内容全部书写清楚并检查无误，然后再誊写到实验记录本上，在需要重点关注的地方做好标记即可。

　　另外，具体的实验安排确定好之后，应结合文献描述和产品说明书等信息整理出一份详细的操作步骤，方便在实验进行过程中对照查看。整理实验步骤的过程中也要对即将用到的耗材总量做出大致判断。比如，离心管、注射器、样品瓶等常用耗材在本次实验过程中的消耗量大概有多少，一旦库存不够，也还有充分的时间协调其他实验室借用或联系购买，不至于在实验进行过程中发现短缺，从而严重影响实验进度和结果。以笔者个人经常开展的实验为例，一次代谢组学相关实验通常要至少处理几十个样品。笔者在读研时便养成了这样的习惯，每次开展实验的前一天晚上把每种需要的耗材找到并统计好数量（通常会多留出几个，避免实验中出现特殊情况）放在一边，这样第二天早上来到实验室就可以直接开展实验了，省去了很多时间。协助指导研究生进行课题研究之后，笔者也是这样安排学生的，希望让他们养成凡事提前准备的习惯，习惯养成后就不会觉得麻烦，反而会提高做事效率，也会思考如何尽量考虑周全。有些实验在开展之前需要对部分实验耗材进行特殊处理，如灭菌操作、试剂浸泡等，在这种情况下就更要提前做好准备工作。

　　由此可以看出，实验开始之前整理出一份条理清晰、内容详细的记录不但能够在实验开展的过程中提供参考，还能够提前协助人们解决诸多细节问题，顺利推进实验、提高效率。

2.2.2　实验进行中

　　实验过程中操作者可能会发现一些细节问题，如果没有充分的时间来记录，那么也要把重要的信息写在初步整理实验记录的草稿纸上。举个例子，如果在实验开始前整理的步骤中某个试剂是按照加入 1 次，体积为 100 微升设计的，但在实际操作的过程中却发现加入 100 微升体积后达不到预期效果，应该补充加入 200 微升，那就需要将之及时记录在草稿纸上，因为这些条件的改变对实验结果可能产生实质性的影响，详细记录下来才有利于后续分析实验条件优化步骤和实验结果之间的关系。等到实验结束后，再重新组织语言整理这些碎片化的记录即可。

　　除了养成随时记录重点的习惯之外，也要学会利用碎片时间整理实验记录。比如，你可以充分利用样品超声、离心的空档把已经确定好的内容汇总。之前看过一位医生博主在视频里分享过这样一个故事，她发现其他医生同事总是习惯加班写病历，但她很少加班。后来她意识到，自己只不过是在等主任查病房的间隙、等护士确认医嘱的间隙、等病人家属来签字的间隙来写病历，而其他人在这些碎片化的时间里要么闲聊，要么刷手机，因此不得不加班完成那些没写完的病例。虽然这位医生与多数研究生的专业不同，涉及的具体实验和工作内容也不相同，但每个人每天都会有不止一处的碎片化时间可以被利用。有心人会把握好这些时间，穿插完成其他工作，但更多的人都在不经意间让这些宝贵的时间溜走了，希望读者能成为前者，也活成别人眼中的效率达人。

总体而言，实验过程中应该把握的原则是把主要精力放在实验本身，在认真执行实验步骤的同时观察实时出现的现象，思考优化方案、提高操作效率，并把有改动的信息及时记录下来，如果有相对完整的时间再完善实验记录。

2.2.3　实验结束后

实验都做完了还需要整理实验记录吗？答案当然是肯定的。实验做完只是步骤上的完成，还需要做的就是尽快进行数据分析，根据实验结果思考是否需要重新优化实验方案，并将实验过程中草草记录的内容重新详细地整理到实验记录本上，方便日后翻看时能够想起实验细节及做过的调整。

大家身边都会有这样的同学（或许有些人自己也是这一类人）：实验做完已经很累了，懒得处理辛苦测定的实验结果，索性放在计算机中或U盘里，过了几天才去处理，然而在分析数据的时候，一些至关重要的实验细节却已想不起来了，有时候甚至需要重新做一次实验才能确认。这里建议大家，实验结束后一定要尽快处理实验结果，如果数据较为理想，就可以继续安排后面的实验内容了；即便结果异常，也能及时想起来需要优化哪些步骤，抓紧时间重新设计实验方案。

研究生期间养成对相关实验步骤进行 SOP 文档整理的习惯既能对

自己在重复开展实验、撰写论文的过程中起到帮助作用，也可能给他人带来帮助。日常在自媒体平台分享科研学习方法时，经常会有研究方向相似的同学私信问笔者一些实验步骤，那些整理过的 SOP 文档也成了笔者能够和大家分享的内容之一，很开心它们真的帮助一些同学解决了实验过程中遇到的难题。

关于 SOP 文档，建议大家以电子版和纸质版的形式各保存一份。电子版的文档可以作为撰写学位论文中某个实验方法的文字基础，减少毕业论文撰写阶段的工作量；纸质版可以留存在实验记录本中，因为有的学校会要求研究生在毕业时上交实验记录本并请导师签字。此外，一旦其中一份不慎丢失，另一种形式的文档也可以作为有效补充，不至于使重要信息丢失。

视频：科研"小白"
如何做好实验记录

尽管实验记录只是每个科研人日常工作中最基本的内容之一，但如果能在读研、读博之初就培养良好的实验记录习惯，并学会在整理记录的过程中深度思考，相信它也会协助大家理顺科研思路、提升科研效率。

2.3 如何分析实验数据

发表过论文的同学都会意识到数据分析的重要性，因为优质期刊与普通期刊中的文献除了在实验设计、工作量、写作水平等方面具有差别之外，数据分析是否深入也是至关重要的标准。数据分析为何重要？正确的数据分析习惯有哪些？如何提升数据分析能力？这是本节想要和大家分享的。

2.3.1 为什么数据分析能力很重要

1. 日常生活

先举个简单的例子，实验室某台仪器安装至今已有三年的时间了，今天导师让两位同学分别把这台仪器的使用记录整理一下，下面是他们的具体做法。

同学 A 的做法是统计仪器使用登记表中的使用记录数量总数，发给导师。

同学 B 的做法是除了统计使用记录总数之外，他还将这三年内每一年的使用情况做了统计，包括每一年的使用记录数量及对比分析，每年使用频率不同的可能原因分析，仪器发生故障的记录及具体故障原因等，将以上信息全部汇总后，也发给导师。

他们的导师会对哪位同学的工作更满意呢？试想一下，如果类比到工作以后，领导需要下属进行类似材料的整理，那么领导会觉得哪位员工对待工作更细心、工作能力更强呢？

看似是生活中的一件小事，体现的其实正是数据分析能力。发表论文也是一样，只有能对数据本身进行更加深入、细致的分析，才能挖掘到更多的信息，也更能体现数据本身的价值。

2. 科研工作

研究生数据分析能力的高低会对其要发表的论文产生至关重要的影响。在日常阅读文献的过程中也可以发现，越是优质的文献，其数据分析得也就越深入；数据展现的形式越丰富，针对数据结果进行讨论的角度也越全面。而在其他文献中，人们经常能够看到作者在阐述研究结果与讨论时只是对获得的结果进行简单的罗列，并未对不同实验结果之间存在的关联性做进一步阐述，甚至没有在文中提到开展某些实验的目的是什么。显而易见，后者的研究并不是没有价值，只是能够为他人提供的价值没有前者丰富。

2.3.2　正确的数据分析习惯有哪些

1. 不要拖延，一气呵成

实验完成后，如果不能及时用详细的文字记录所有步骤并做好内容整理，一段时间过后，多数人一定会遗忘其中的某些细节。这对数据结果也是一样，很多同学辛苦测试完实验数据后，习惯先把它放在一边，休息两天后才去整理。然而，在发现某个实验数据不理想，明明可以在两天前利用当时的样品重新测定时，却已经来不及了——两天前的样品已经无法被重复使用了。这时候，他们不得不重新制作一批样品、重新进行样品处理、重新检测，这样一来无疑会浪费很多时间，大大降低了实验效率。

及时进行实验数据分析，还应该同步思考，如果当下关于某个实验的数据已经足够完整了，那么就要将它们进一步整理成图表的形式保存下来。无论是投稿期刊论文，还是未来撰写学位论文，大部分数据的体现形式都应该是图表，如果等到临近需要的时候再去作图，那么就只能付出很多额外的时间。特别是那些复杂的图表，背后隐藏的时间成本可能超出很多人的预期，很多同学留给论文写作的时间本就不多，还要多花时间在图表制作上，最终可能导致论文无法如期上交。

2. 多角度深入分析

很多研究生同学经常会发现，同样类型的实验数据自己用两句话就将其描述完毕，而优质的文献不但可以拓展出更多的语句描写它，还能将这部分数据和其他实验结果在逻辑上串联起来、整合分析，从而使研究内容更加聚焦，也更有深度。

人们需要学习和提升的正是能够从多个角度深入分析数据的能力。举个简单的例子，目标课题是研究苹果的营养价值，在研究的过程中，测定了不同品种的苹果在大小、水分、糖度、酸度、维生素、氨基酸等多个方面的指标，然后得出的结论是，某个品种的苹果中某种物质的含量最高，某种物质含量最低，仅此而已。这就显得实验数据很单薄，也缺乏深层次的思考。某种物质含量的高与低确实是能够看到的、最直观的结果，但完全可以在此基础上进一步研究，物质含量差异背后可能的原因是什么？它们含量的高与低将如何直接或间接影响苹果的口感？这些类别的物质含量之间是否存在一定的相关性等。在这个过程中，也可以进一步以其他形式的图表展示结果，从而丰富数据内涵。

3. 逻辑混乱时，将思路写出来

笔者的一个习惯是，每当思路不够清楚时就将脑海中的想法在纸上写出来。最初呈现出来的内容或许只是一张草图或零散的关键词，然而，正是在不断梳理的过程中，自己会更主动地思考，思路也会逐渐清晰。无论是分析某一批庞大的实验数据还是想以某种方式展示实验结果，都可以用这种直观的方式梳理，然后再逐步完善。

2.3.3 如何提升数据分析能力

1. 校内课程

很多学校都会开设与数据分析相关的研究生课程，不过对大部分专业的同学来说，这些课程属于选修课而非必修课。如果明确知道自己的课题在后续研究的过程中会用到这些知识，那么建议大家选择其中的1～2门课程进行学习，如 SPSS 应用、现代仪器分析等。学校设置的这类课程通常会持续一个学期，因此授课教师会在理论方面讲得比较细致，对大家日后理解相关数据分析过程很有帮助，而且若有相关知识点没有听懂，大家也可以当面请教授课老师。当然，这类课程也会有不足之处，就是听课人数较多，不方便安排实操演练，老师讲述的知识很难通过动手操作这种直观的感受来理解。

2. 借助网络

在网络如此发达的今天，没有什么知识是不能借助网络学习的。从知识付费网站到自媒体平台，再到学术公众号和付费社群，只要是令人感兴趣的知识，一定有人通过网络讲解和传播。有一段时间，笔者对细胞铁死亡这个概念很感兴趣，除了查阅很多中、英文文献之外，很想知道是否有视频对它进行更加通俗易懂的介绍。试着在哔哩哔哩 APP 的搜索框中输入"铁死亡"后，笔者没想到发现了很多精彩的视频内容，这也让笔者在看完这些视频后对知识点有了更加清晰的认识。

借助网络进行学习的好处是网络上围绕同一主题的多媒体内容繁

多，资源丰富，大家可以根据自己的学习规划安排听课和学习时间。但其缺点也很明显，就是面对自己听不懂的内容，很难联系到授课老师或分享者进行详细请教和询问，更多地需要靠自己理解。

除了有针对性地通过网络学习自己感兴趣的数据分析知识外，还应该尽早了解自己的研究领域是否有一些知名的数据库，以便今后查找重要数据时知道在哪里可以检索，不需要在网络上大海捞针般地查询。比如，从事组学研究的同学一定要知道 KEGG 数据库、Pubchem 数据库、HMDB 数据库及 LIPIDMAPS 数据库等。

3. 请教身边人

无论是课堂上没听懂的知识、实验结果异常时的疑问，还是自学过程中遇到的问题，都可以主动地与身边的同门或同学交流探讨。养成与身边人互相学习、共同交流的习惯将使人受益匪浅。

多与身边人交流的好处在于，方便相约探讨时间，并且由于关注的知识点高度相似，相互之间可以取长补短。当然，这种交流方式也存在一定的不足，就是当大家对某个问题的认识都存在一定的局限性时，即使经过深入讨论可能也无法获得具体答案。这时候，就要向更有经验的人请教，如导师、工程师等。

4. 文献资料提供灵感

对不了解的数据分析方法，通过文献资料进行学习，特别是学习关于某个数据分析方法的综述类文献是一个很好的渠道。还是应该多看优质期刊中的综述文献，因为它们往往会针对某个问题或方法从多个维度论述。

正如前文介绍的日常阅读文献的方法中提到的那样，那些与后续研究关系密切的数据分析方法的文献也可以采用建立独立目录的方式保存，方便日后查找。另外，也可以将关于分析方法的国家标准、行业标准等文件下载到本地计算机中，以便随时学习。

数据分析能力与其他科研能力一样，同样需要在反复的刻意练习中不断提升。正如一篇被改到第五稿的论文与初稿相比一定会有质的飞跃一样，数据分析也是如此，反复推敲、不断深入，在此过程中，分析者也会对数据的内涵和外延产生越来越深刻的理解。

2.4 科研绘图注意事项

将实验数据以规范、美观的图表展示出来对研究生来说至关重要。无论是毕业答辩还是论文投稿，图表总是比文字更容易吸引别人的注意力。然而，对很多刚开始接触科研工作的研究生来说，绘制科研图表的过程总是不可避免地出现各种问题，导致自己看上去不够"专业"。以下4方面内容是绘制图表时应该重点考虑的问题，它们是否被忽略了呢？

2.4.1 语言规范

有位师姐在看过师弟一篇论文的初稿后表示自己要被气出内伤。她向笔者吐槽说这篇论文全文逻辑混乱、很多描述存在语病也就算了，师弟竟然在表格1的标题中将"化合物名称"写成了"化合物名字"。师弟也很委屈，名称不就是名字的意思吗？一字之差有那么大的区别吗？

这位师弟实际上是没有理解学术论文语言表达应该具备的规范性。用一个夸张的例子来比喻，在论文里写"夕阳真好看"是不适宜的，但是可以将其替换成"接近地平线的太阳光穿过大气层时，在大气层的散射和阻隔作用下，光线迅速衰减，我们看到的太阳色球层，即夕阳景象。"学术论文作者要时刻记住，无论是图表标题、图注，还是论文的主体内容都要使用科研论文特有的语言形式，要体现规范性。

2.4.2 严谨合理

展示的图表中是否包含标准差信息、显著性分析结果等内容？这体现了作者是否足够严谨。在开展实验之前就要考虑后续数据分析和科研绘图过程，保证足够的实验重复数量。

此外，在论文投稿阶段，笔者建议尽量充分体现自己的数据结果，那些由于正文篇幅限制放不下的插图、表格可以通过补充材料的形式提供，这既是尊重审稿人和读者的体现，也是对自己研究结果有底气的表现。很多从事组学研究的同学在论文投稿时被审稿人要求提供原始数据表格。这些原始数据未必会被审稿人一一核对，但对一篇论文来说，这是证明后续分析与讨论合理可靠的基本依据。投稿者也应该学会站在审稿人的角度多思考，如何更好地通过提供有效图表信息提升论文内容的可信度。

2.4.3　形式美观

要想插图看上去更加舒适美观，应保证相同类型的文字大小统一、线条粗细程度相同、文字字体一致。

对期刊论文中的插图来说，论文作者还要考虑其大小是否影响论文排版，特别是插图宽度。目前，SCI 插图的排版形式有三种，即整图版（宽度要求约为 17 厘米）、半图版（宽度要求约为 8 厘米）、2/3 版图（宽度要求约为 12～15 厘米）。对于插图高度，通常要求不超过 20 厘米即可。

此外，图像清晰度也是影响美观程度的重要因素。对包含信息量大的插图来说，图像不够清晰会导致其细节无法被看清楚，影响信息传达。

配色不同，插图呈现出的美观程度也不相同。大家日常在阅读文献的过程中可以多留意和学习优质文献中的插图配色，闲暇之余甚至可以随意打开 *Cell*、*Nature*、*Science* 这些顶级期刊中的任意一篇文献，只看其中的插图，学习其配色用法，提高自己对科研插图的审美能力。还有一点值得注意，就是如果用不同颜色代表不同组别的信息，那么需要保证在全文中某一种颜色始终代表这一组样品信息，否则会给读者造成视觉混乱。

2.4.4　内容充实

通常来说，一篇期刊论文正文允许放置的图表总数为 6～8 个，因此，很多工作量庞大的研究会将那些重要的实验结果以组图的形式展示，并以字母标注和区分各个单图。当然，组合图像的过程中，应保证组图各幅图像之间具有一定的关联性。比如,有一组插图是关于某个荧光实验的结果,那么单图可以分别展示不同分组样品的单一荧光图像、合并荧光图像、荧光强度定量分析结果等。如果想要将某个实验条件改变后的荧光结果也展示出来,不妨将之也放到该组图中,方便读者在阅读的过程中查看。不过,与本实验不相关的内容则不适合被整合在这组插图中。

要想让自己的图表更吸引人,还要多思考如何用更有特点的形式展示结果。如果一篇论文中的全部图形都是千篇一律的柱状图,别人在阅读时产生的第一印象或许就是枯燥。将一部分柱状图替换成比例面积图、瀑布图会让论文瞬间生动起来。

每个人的研究领域不同,需要经常使用的图表展现形式也各不相同。然而,无论针对哪个专业的研究生,以上需要注意的内容都是相通的。希望大家能在不断阅读文献的过程中掌握更多的科研绘图本领。

第 3 章

优化课题设计

3.1 研究生开题、中期与答辩要点

开题报告、中期考核与毕业答辩是贯穿每一位研究生同学学习过程的 3 个重要节点。然而，很多同学并不知道在准备对应内容时该注意哪些重要细节，从而导致提交的材料被反复退回，或者在答辩现场出错。在毕业后继续从事科研工作的同学会发现，研究生阶段的开题、中期与答辩过程其实与撰写项目申请书、参与项目申请答辩的诸多环节都很类似，所以，在研究生阶段接受这样的训练对每一个研究生而言都是必要的，这可以帮助他们了解科研工作的流程。当然，不同的考核阶段在准备材料和汇报时对应的侧重点也各不相同，下面就来一一介绍。

3.1.1 研究生开题报告注意事项

开题报告是所有培养环节的初始阶段，意味着研究生需要就即将开展的课题研究内容进行科学合理的阐述，但大部分学校不会要求研究生在一入学的阶段就准备开题，而是会在研一下学期或研二上学期时组织开题报告会。一方面，大家刚开始研究生阶段的学习，需要时间去适应科研学习的有关内容；另一方面，通过研一一年在实验室的积累和锻炼，研究生们也才有了相对充分的时间开展预实验，甚至获得一些实验结果，从而能够说明正在研究的课题是可行的。

在开题阶段，与任何形式上的材料相比，"研究什么内容""研究内容是否可行""研究结果有何意义"才是最应该花时间和精力思考的，因为如果连方向都错了，那么接下来的学习过程将丧失大部分意义。对缺乏经验的研究生们来说，该如何理顺课题研究思路呢？建议大家认真思考这三方面内容。

首先，明确课题希望解决的问题。这里所说的问题一定要聚焦，最多 3 个，切忌太大太空。要知道它们将是研究生这三年课题研究的核心。寻找这一核心时要结合课题组的研究方向、现阶段的研究基础，以及导师正在进行的课题项目等做选择。

其次，为解决问题寻找确切的科学手段。想要解决的问题被确定后，要开始思考怎样的科学手段能找到答案。举个例子，想知道某种药物对生物体产生的毒性作用，那就要在查阅相关文献的过程中同时留意其他人在研究过程中采用的研究手段，如多组学技术、基因干扰技术等，然后结合自己课题组能够达成的实验条件设计具体的实验方案。

最后，提前准备补充方案。很多时候人们会将结果预设得过于理想化，然而，现实与预期不相符是科研工作的常态。因此，课题思路被初步梳理出来后也不要觉得大功告成，反而要进一步深入地思考，是否还有其他方案能够达成本研究的目的？是否需要在原有的课题设计中增加一些补充方案？从而为课题的顺利开展增加一道保险。

选题内容被敲定后，大家需要着手准备文献综述、开题报告表和开题报告会 PPT，这里重点分享一下开题报告表的填写内容及开题报告 PPT 的注意事项。开题报告表的内容主要可拆分成以下 8 方面。

（1）立题依据。这部分内容需要结合文献调研情况介绍国内外的研究现状和趋势，从而引出本研究的必要性和研究意义。

（2）研究内容。这里对应的就是未来学位论文里除引言和全文结论之外的主体内容，但通常需要概括成三句话。举个例子，如果课题是关于 a 技术在 b 药物引起的肝损伤中的应用，那么可以分别从 b 药物使用剂量的优化、a 技术方法的建立及采用所建立方法对使用 b 药物后的肝损伤进行测定这 3 个维度展开。

（3）研究方案。如果说研究内容是概括性的，那么研究方案就需要按部就班地展开论述，既要尽可能详尽地列出各个指标的具体测定方法，也要符合逻辑顺序，如先建立模型，再开展后续实验。

（4）技术路线。需要注意如何准确展示各研究内容之间并列或递进的层次关系，而且技术路线最终交汇的体现一定是本研究的最终目的或意义。然而，很多同学在第一次绘制技术路线图时要么偏离了研究目的，要么无法准确对应研究内容。

（5）拟解决的关键问题和创新点。拟解决的关键问题既要与前面提到的研究内容相对应，又要注意指出的关键问题一定得是科学问题，而不应是对某个实验细节不了解。将创新点凝练至 1～2 条即可。

（6）研究计划和预期研究成果。建议大家以学期为单位，按照对应的时间节点安排研究计划，预期成果主要包括文章数量、专利提交情况等形式的成果。

（7）可行性分析。应从已有工作基础、实验室科研条件等方面阐述，但在结尾记得补充实施过程中可能遇到的问题，把握向评审专家请教的机会。

（8）研究基础。这里可以重点罗列与本课题相关的预实验结果，一方面向专家展示截至开题之前已经完成的一些科研工作；另一方面，这也是充分说服评审专家"本研究值得做且能做出结果"的有效证据，所以一定要展示出来。

其实，完成开题报告表中的内容后，PPT 的框架和主体内容也能够被基本确定了，在制作 PPT 的过程中更需要思考如何美观、简约地展示内容。千万不要将开题报告表中的大段文字直接粘贴在 PPT 中，因为在开题报告会的现场，专家需要在听汇报的同时关注 PPT 中的内容，如果一页内容全是文字，别人可能还没来得及读完就已经被翻到下一页了，这在让听众产生疲惫感的同时也无法使想要表述的重点内容在专家心中留下深刻印象。PPT 中的字数被缩减下来之后就可以将字号适度放大，既让布局看上去更加饱满，也有助于使别人看清内容。

另外，也要注意 PPT 的颜色搭配，切忌在一页内容中展示超过 3 种以上的字体颜色，因为颜色过多反而会分散观看者的视觉焦点。建议日常在聆听一些专家的学术报告时也关注一下对方在制作 PPT 方面有哪些可借鉴和学习的，并将之应用在自己的 PPT 中（图 3-1）。

论文题目	
选题来源	
开题报告摘要	

立题依据（国内外研究现状与趋势、选题目的和意义）
国内外研究现状与趋势

选题目的和意义：

研究目标、研究内容和拟解决的关键问题

拟解决的关键问题：

研究方案（拟采用的研究方法、步骤和技术路线）

步骤和技术路线

研究计划和预期研究成果（研究进度安排、预计工作量、预期结果、创新点）

可行性分析（已有的工作基础、科研条件、研究中可能遇到的问题及解决办法）

可能遇到的问题：

图 3-1   中国农业科学院研究生开题报告表主要内容

视频：研究生开题报告模板

视频：研究生如何梳理开题报告思路

视频：手把手教你开题报告表怎么写

3.1.2 研究生中期考核注意事项

在高校和科研院所，中期考核的举行时间或许有所不同，以中国农业科学院为例，博士研究生的中期考核时间通常是在 5 月底，硕士研究生在 8 月底，而在一些高校，中期考核时间通常在每年 12 月左右。尽管时间安排不尽相同，但中期考核阶段需要突出的重点是相同的，即体现研究进展。因此，学校通常也会要求研究生同时提交一份中期考核表，主要撰写从开题到中期阶段取得的研究进展、遇到的实际问题，以及下一步的研究计划等内容。

与开题报告会上展示的 PPT 不同，中期考核阶段的 PPT 也有新的侧重点。建议主要把握以下 3 个方面。

首先，缩短背景介绍。课题研究的立项依据这部分内容在开题报告阶段已经被重点介绍过了，向评审专家表述清楚研究背景是开题阶段的重点，但不是中期考核阶段需要重点展示的内容。鉴于 PPT 汇报时长的要求，有限的时间应该被用来展示更为重要的内容，如阶段性研究结果。

其次，对研究进展进行小结。笔者在读研、读博时养成的一个汇报习惯就是在阶段性汇报完某一研究内容的全部实验结果后单独增加一张 PPT 进行小结，这样即便其他人在听汇报的某一刻分了神，或者因为其他原因错过了一点细节也同样可以通过这一页重新了解主要结论，不影响他人的总体感受，笔者也建议大家通过这种方式总结归纳。

最后，向专家提问。中期考核是一个很好的向专家请教问题的机会，在实际开展课题研究的过程中不可避免地会遇到各种问题，有些技术上的难题或实验方面的细节或许能通过向专家请教而获得答案，那么为什么不好好把握这个机会呢？很多专家都很乐意在答辩现场对这些问题进行回答。

有些同学对中期考核可能存在一个误解，就是认为在中期考核阶段只要完成课题研究内容的 50%就足够了。其实，从研究生学习的整个时间轴来看，进入最后一年的学习阶段后，硕士研究生要开始思考未来继续求学还是选择就业，博士研究生也要在求职面试、简历制作等方面花费更多的精力和时间，用来完成课题研究的时间不可避免地会被压缩。此外，想要在中期考核中获得令人满意的评价，当然也需要比别人完成更多的工作，最好已经有文章见刊（图 3-2）。无论是已有论文发表，还是中期考核优秀都会对接下来国家奖学金、学业奖学金的评选有所帮助，也应该成为大家努力争取的目标。总之，不想被时间推着走、总是手忙脚乱，那么就一定要提前布局和安排实验，然后努力执行。

四、中期考核意见表

基本信息	学号		姓名		学位类别	
	导师		专业		研究所	
	开题报告论文题目					
	中期考核论文题目		（请填写上会题目）			
科研记录	检查指标	是否有专门的原始记录本；记录是否认真、完整、规范；原始数据、实验图表、照片等是否真实完整；原始记录日期、页码是否完整有序；是否有随意更改现象；是否有导师定期检查评语。				
	检查结果	□ 优秀		□ 良好	□ 合格	□ 不合格
考核小组评分	论文选题（满分30分）		科研能力（满分30分）	论文进展（满分40）		总分
	得分		得分	得分		
	等级	□ 优秀≥90		□ 80≤良好＜90	□ 60≤合格＜80	□ 不合格＜60
	考核结果	□ 提前毕业		□ 继续培养	□ 重新考核	□ 建议退学
考核小组意见	考核小组评语（重新考核或建议退学需说明原因，可附件）					
	组长签名：　　　　　　　年　　月　　日　　研究所盖章　　　年　　月　　日					

考核小组名单（5~7位）	姓名	职称	单位	研究方向	签名

研究生签名		导师签名		会议记录人签名	
是否推荐为中期考核优秀生（研究所填写）			□ 是（考核小组评分须在90分以上）		□ 否

图 3-2　中国农业科学院研究生中期考核意见表模板

视频：中期考核时只
完成一半课题内容
就够了吗

视频：研究生课题进
展缓慢，是因为你没
有做好这两点

3.1.3　研究生毕业答辩注意事项

毕业答辩对每一位研究生来说都将是铭记一生的重要时刻，甚至有同学调侃，读研究生只有两个时刻最快乐，一个是收到录取通知书的时刻；另一个就是完成毕业答辩的时刻，剩下的都是黯淡辛苦的记忆。走到毕业确实不容易，但也正是因为一切来之不易，大家才更要留意在答辩过程中的一些细节问题，以便顺利通过答辩。以笔者自身参与的毕业答辩经历和旁听过的毕业答辩来看，答辩 PPT 的制作也有特别值得注意的地方，具体如下。

首先，再次缩短背景介绍篇幅，重点阐述研究结果。前文在关于中期考核注意事项的介绍中已经提到过应该缩短背景介绍的部分，而在毕业答辩阶段，需要展示的结果更多，所以应在中期考核的基础上进一步缩短背景介绍的篇幅，最好控制在 3 页 PPT 以内，只整合重点的、必要的科研背景并将之介绍清楚即可。

其次，阶段性小结要突出逻辑层次。由于每个人论文的主体内容都由多个章节组成，而评审专家很可能在答辩当天才会拿到毕业论文全文，并不了解其中的细节。所以，研究生只能通过尽力讲好 PPT 来体现逻辑层次。笔者推荐在每一部分研究结果的最后增加一张 PPT，小结这部分内容获得的主要结论，并在全部汇报结束后增加全文结论的介绍，这样能使内容看上去更有条理。

最后，描述性语句不宜超过三行。那种满满当当都是文字的 PPT 可能并不适宜，笔者建议对大段的文字做适当删减，特别是在背景介绍的部分，因为在视觉上大段文字会让人在听报告的过程中更容易产生疲惫感，也容易分散焦点（图 3-3）。

以上就是关于研究生开题报告、中期考核，以及毕业答辩过程的一些要点和注意事项，希望能给不同阶段的研究生同学带来一定的参考价值。此外，无论是哪个阶段的正式汇报，笔者都建议大家身着正装，并将 PPT 汇报内容提前演练熟悉以示尊重。毕竟，除了研究思路是否成熟、研究结果是否理想之外，汇报人自身的态度和重视程度也会给专家留下不同的印象。希望大家能够重视研究生阶段的每一个环节，顺利获得学位。

中 国 农 业 科 学 院

博 士 学 位 论 文 答 辩 报 告 书

申请人姓名		学号		培养单位	
专业		研究方向		导师姓名	
博士论文题目					

答辩委员会意见【包括对学位论文（含评阅后论文修改情况）和申请人业务素质的考核评价】

投票表决结果：　□全票通过　　　□非全票通过　　　□不通过

　　　　　　　　投票人数____　　赞成票数____　　反对票数____

总 体 评 价：　□优　　□良　　□中　　□差

对授予学位的意见：

　　　　　　　　　　　　　答辩委员会主席(签字)：

　　　　　　　　　　　　　　　　　　年　　月　　日

图 3-3　中国农业科学院研究生毕业答辩报告书模板

视频：研究生如何做好毕业答辩 PPT

视频：答辩 PPT 注意这三点，评审专家都会表扬你

3.2 研究生课题设计优化及注意事项

"研究生的课题研究具体该如何开展？"

相信一部分同学的答案会是"导师让我做什么，我就做什么。"

确实，大部分研究生的课题都是导师现有课题的部分内容，但不能仅停留在按部就班完成导师分配任务的阶段。即使导师已经给定好了课题研究的方向，研究生自己也还是要去思考完成这个课题的诸多细节。

在确定研究生课题研究内容方面，笔者很认同一些导师的做法，这些导师只给学生一个不偏离课题组现有框架的大方向，然后让学生结合自己感兴趣的内容去查资料、请教别人，等学生自认为准备好了，导师再去听学生的汇报、查看研究思路框架，如果可行就可以按照这个思路着手开展相关实验。这样做会提高学生主动思考和解决问题的能力，也能充分调动学生开展科研工作的积极性。

这篇文章将向大家分享优化课题研究内容主要应该做好哪些工作，又有哪些值得注意的细节。

3.2.1 课题研究开始前需要做好哪些准备工作

1. 学习文献思路及方法

日常阅读文献的主要目的之一就是学习和借鉴别人的研究思路。遇到那些实验设计完整、富有科学性和创新性的好文献，笔者往往会情不自禁地羡慕和赞叹。

其实，这些优质的文献完全可以成为研究生设计自己课题内容的参考。正如杨绛先生所说，"读书好比隐身的串门儿，要参见钦佩的老师，或者拜谒有名的学者，不必事前打招呼求见，也不怕搅扰主人。"从文献中借鉴科研思路也是如此，只有多看、多思考才能渐渐掌握更多的知识并知道如何将其应用在自己的研究中。

通常来说，硕士研究生学位论文的主体内容为 3～5 章，博士研究生为 4～7 章，这里所说的主体内容指除去引言和全文结论之外的章节。因此，在借鉴别人研究思路的同时也要学会思考，自己正在考虑的内容是否适合作为一个章节体现在自己的学位论文中，它与其他章节的关系将是并列的还是递进的？这一章得到的结果能为支撑全文结论起到何种辅助作用？既要思考研究内容涉及的具体细节，也要时常站在全局的角度看待全部内容设计得是否合适。

2. 确定课题研究的核心

研究生们经常会在开题报告会上听到专家这样说"你的研究课题太大了，没有确定需要解决的核心问题。"其实，专家做出这样的评价通常是在表达两个意思，第一个意思就是整个研究内容涉及得太多，以一个硕士/博士研究生的时间和精力来看，按期毕业之前很难做完；第二个意思就是科学问题不够聚焦，课题框架太散。

关于工作量的问题，网络上有一组很生动的插图形容研究生的课题研究，那就是在开题阶段设想自己能造一栋别墅出来，却在毕业答辩时发现，能盖好一间茅草屋就不错了。课题研究的过程不会像自己设想的那样顺利，解决问题的过程也注定需要花费大量的精力和时间。因此，与其在最初定下过高的目标，不如结合实际情况综合考虑，设计兼具科学性、创新性和可行性的技术路线图。

至于如何更准确地找到课题研究的核心，这里不妨举个简单的例子。比如，计划从 A 地到 B 地，那么"到达"就是要解决的核心问题，至于这个过程中是步行、骑车还是开车则都只是研究手段，提前看天气预报、掌握准确的距离等信息则是研究过程需要关注的细节问题，以上这些都是为了更好地辅助解决"到达"这个核心问题。

3. 及时补齐个人科研短板

思路确定了，核心问题找到了，那么还要开始思考"自己距离实现这些目标还欠缺哪些科研能力"，然后主动学习和掌握对应的能力。

比如，课题研究中涉及某个重要的实验但自己还不会做，那就优先看看身边有哪些师兄师姐擅长或正在做这个实验，主动提出给他们帮忙，在帮忙的过程中学习。如果某些实验在自己课题组不具备开展的条件，那么也可以尝试与导师沟通，看看能否去其他学校或实验室学习。如果了解到某些企业正在举办相关培训班，那么也可以尝试向导师申请外出培训的机会，从而为日后开展相关研究打好基础。

此外，像一些重要的数据分析方法、科研软件使用技术、数据库网站搜集等，如果后续研究有需要，都可以提前了解、学习。很多网站都提供了相应的课程，讲解的内容也很详细，因此，要做个有心人，主动寻找学习资源。只有自己掌握了更多的知识，才不会轻易陷入被动的境地。

3.2.2　从哪些方面优化研究生课题设计

1. 多角度论证可行性

要想证明一个科学问题，只从一个角度开展分析研究是不够的，因此，在课题设计阶段就要想到如何从多个角度进行可行性论证。

最常见的做法是正向分析结合反向验证。举个例子，如果你想要探索某一条信号通路在某个外界刺激作用下受到了怎样的影响，那么常规的做法就是对能够代表这条通路的特征性指标进行测定，当测定获得的结果也恰好说明该通路受到了影响，则可以证明这个科学猜想是正确的。然而，为了更加充分地验证上述研究结果，还可以通过加入通路抑制剂的方式进行反向验证。如果在同样的外源刺激下，加入通路抑制剂前后呈现的结果相反，那么就能进一步说明该通路确实受到了影响。

2. 多层次验证实验结果

研究时还可以通过不同层次的研究对获得的实验结果进行验证，从而丰富课题研究内容。比如，很多生物相关专业的研究生在规划课题研

视频：研究生如何优化课题设计

究内容时会考虑体外实验结合体内实验的多层次研究方法。可以先通过细胞等体外模型或计算毒理学的方式获得关于某个研究内容的初步结果，然后进一步利用动物模型进行体内实验结果的验证。这样一来，总体研究内容就会更加丰富，获得的实验数据也更具有说服力。

再举个例子，如果课题是关于某个检测方法的开发，那么除了优化多个参数建立方法之外，还需要尽可能多地将该方法应用在不同的场景中，从而说明它具有较为广泛的应用潜力。

3.2.3　研究生课题设计该注意哪些问题

1. 科学问题要聚焦

如前所述，无论是研究生阶段的课题研究，还是日后从事科研工作时撰写项目申报书，学会凝练和聚焦科学问题都至关重要。在开展课题研究的过程中需要随时记住，自己做的所有内容都是为了最终解决一个科学问题，这个科学问题就是从事该研究最关键的核心。

同时，自己需要对研究范围做出限定，从而保证研究内容的聚焦。比如，想研究农药残留对蔬菜产生的影响，但是蔬菜的种类有很多，不可能在很短的时间内完成对全部蔬菜的研究，那么不妨锁定蔬菜中的一种，然后开展更加深入的研究，从而使研究目标更加聚焦。

2. 逻辑要合理

无论课题研究的内容是什么，首先需要保证它是合理的，是符合逻辑的。比如，前一部分开展的实验内容是关于某个化合物对小鼠健康方面产生的影响，得到初步的结论后，需要继续围绕小鼠开展相关研究，这样既能验证前期实验结果的准确性，也能有效推动课题研究向更加深

入的方向发展，而不是重新更换一种模式生物，然后从最基础的指标重复开展同样的实验内容。

此外，实验本身的设计层次要合理。比如，关于一些基础指标的测定一定是课题前期需要完成的内容，就像一些药物使用剂量的确定一定是某些研究中最为基础的数据，有了基础数据作参考，后续以此开展的其他研究才有意义，而不是反过来。这就好比盖一栋楼的前提是打好地基，通过摸索获得的基本实验条件和基础数据就像是课题研究中的"地基"。

3. "备胎"的重要性

要考虑研究生学习阶段的紧迫性和周期性，笔者建议在设计课题思路时也要考虑这个问题——万一现有的研究内容做不出结果，是否还有其他方案可以作为替补，从而尽可能不影响最终的顺利毕业。

纯粹从科研角度考虑，当然应当鼓励大家勇于探索未知，但是在一个问题上尝试了很长时间还是做不出任何结果时，千万不要只知道不断地重复实验。这时，还需要及时与导师沟通，多向身边有经验的人请教，尝试寻找突破口。如果问题还是不能顺利解决，那么也要考虑是否需要及时更换课题。笔者在研一时曾认识一位高年级的师兄，他在即将面临中期考核时还没有拿到任何有用的科研数据，最终不得不在中期考核报告会之后重新开题，开展其他内容的研究。

不断优化自己在研究生阶段的课题设计可以逐渐培养自己的科研思维，并能在日后将其应用在其他科研工作中，甚至是生活中的其他方面。所以，在日常工作中要多思考，才可能有更多进步。

3.3　科研"小白"如何突破瓶颈期

不只是科研工作会遭遇瓶颈，生活和工作中的很多时候也可能遇到各种各样的难题。换句话说，如果从未感受过挑战，那说明要么一直处在舒适区，要么一直在周而复始地做着重复性的工作。开展科研工作也是如此，如果从未遭遇过瓶颈，那么说明，研究的内容或许只是循规蹈矩，没有什么创新性可言。

其实，遇到困难和瓶颈都不可怕，应该学会的是如何找到突破瓶颈的方法，因为获得这种解决问题的能力将会让人在未来受益匪浅。如果当下正处在科研瓶颈期，不知道该如何寻找突破口，那么笔者有以下 4 点建议可供参考。

3.3.1　学会在阅读文献和查阅资料中找寻答案

课题进行过程中遇到问题时，首要做的应该是先去思考问题可能出在哪些环节。比如，如果明确地意识到目标物测不出来最可能的原因是某个提取试剂的使用量不够，那么就可以增加用量再试试。

然而，很多时候，人们只能看到异常的实验结果，却无法准确判断原因出自哪里，这就需要对照文献和资料提供的细节仔细研究。需注意，细节问题既可能是用法用量不当、操作步骤不规范，也可能是实验设计本身存在疏漏。还记得有一次和某个学生讨论她的实验结果，那时她重复做了几次实验却还是得不到与文献报道一致的实验结果。笔者让她重新将所有的实验步骤完整地复述了一遍，结果发现她在最初配制某个试剂时使用的方法就不正确。后来补充查找了更为准确详细的资料，改进了操作方法，果然获得了与之前不一样的实验结果。

3.3.2　多请教、多询问

之所以建议在遇到问题的第一时间尝试自己思考或查找文献，是因为这样能够锻炼独立思考和解决问题的能力。然而，如果独自进行了大量的尝试和改进后还是一无所获，那么就要学会多多请教和询问了，而不是站在原地继续浪费时间。

比如，在查阅大量的文献资料并以其作为参考重复进行了实验过后，问题还是没有得到解决，那么应该带着文字材料和实验数据一起去找导师，跟导师描述清楚自己遇到的问题及已经采取过的优化方案。在这个过程中，导师一定会就这个问题发表意见，加深对该问题的理解，然后列出几个可行的方案。

向更有经验的人当面请教一定能有更具体、更深刻的收获，但前提是自己本身对问题进行过尝试和解决，让对方看到自己本身对解决问题有着强烈的渴望是必要的。

3.3.3　学会调整心态

每个问题的难易程度不同，把人"困住"的时间长短也不尽相同。除了尽可能运用专业知识尝试解决之外，还要学会在这个过程中调整心态，乐观应对。

很多基于百岁老人的研究都曾得出一个共同的结论，就是乐观是长寿的秘诀之一。人们无法否认乐观在维持健康方面起到的重要作用，同样地，在应对科研工作的瓶颈时，如果能够以乐观的心态看待它们，那么感受到的压力就会小很多，反而可能有利于解决问题。

纪录片《大国崛起》在介绍英国工业革命的发展进程时曾提到过詹姆斯·瓦特和马修·博尔顿的故事。他们有着完全不同的性格，瓦特心思细腻，做事动作迟缓并且非常容易焦虑，常会灰心丧气，甚至彻底放弃。而博尔顿则与之完全相反，他热情洋溢，生气勃勃，总是与其他人相处得很好，并且很乐观。于是，在他们携手发明蒸汽机的过程中，每当瓦特说"不会起作用的"，博尔顿总是鼓励说"当然会成功的，只要再试一下就行。"正是这种天作之合让他们成功制造出了第一台万能蒸汽机，并维持了长达 25 年的成功合作。

不是每个科研人的身边都能幸运地出现一位"博尔顿"，因此，自己要学会养成乐观的心态，客观看待瓶颈，将更多的精力放在解决问题本身上而不是用来否定自我。在一次次的优化和调整中不断进步时，惊喜和成功可能就会在下一刻出现。

3.3.4　用全局眼光看待当下困境

坚韧的品格值得培养和鼓励，但有时候，人们也要学会灵活应对身边出现的问题，特别是在时间紧迫的情况下。

举个例子，人们都知道研究生最终呈现出的毕业论文是由多个章节共同支撑的，也应该学会如何在不影响总体进度的同时解决当下遇到的瓶颈。比如，A 实验做不出来，那就先去做和它关联性不大的 B 实验，然后在做 B 实验的空闲时间查阅文献、请教他人，分析 A 实验做不出来的原因，等到潜在解决方案搜集得差不多了再重新开展 A 实验。

这样做的好处是不会把大量时间花在原地打转和否定自我上，同时也能在寻找 A 实验解决方案的过程中学会深度思考，提升解决问题的能力。

也就是说，应该学会用全局眼光看待当下遇到的瓶颈，并在顾全大局的前提下尽可能高效地解决问题。这也是笔者在读书期间观察身边很多优秀的研究生同学时发现的他们共有的品质。

读研、读博的过程就是从各个方面不断磨炼心态的过程、提升解决问题能力的过程，如果能通过解决课题方面的瓶颈真正学会解决问题的思维，那么可以相信，所有曾遇到过的难题其实都是另一种形式的收获和奖励。

视频：课题做不下去了，怎么办……

视频：研究生课题进展缓慢，是因为你没有做好这两点

第 4 章

论文撰写能力

4.1　论文撰写前需要做好哪些准备工作

4.1.1　论文撰写准备步骤

1. 罗列大纲

很多同学会好奇，为什么撰写论文前一定要罗列大纲？其实，罗列大纲的过程就是梳理文章总体思路的过程，在梳理思路的过程中，自己的逻辑能力也会获得相应的提升。

也有一些同学认为，罗列大纲就是在浪费时间，因为大纲最终并不会以内容的形式被体现在文章中。其实，不妨换个角度去想，如果在撰写文章前没有认真梳理文章的总体思路，那么很可能在撰写的过程中乱了方向，文章写到一半或许就已无法进行下去，需要重新梳理思路，这岂不是浪费了更多的时间？

此外，罗列大纲还有一个好处，就是能让人在动笔写论文之前意识到有哪些问题需要重点关注和讨论，有哪些资料还有待进一步查找，哪些图表还需要完善制作等。提前对这些重要的问题有了更清楚的掌握之后，在撰写稿件的过程中将可以进一步采取更有针对性的解决方案。

罗列大纲的具体方法可以参考思维导图的制作方式（图 4-1）。首先，应包含论文各部分组成内容。其次，在下一级标题中大概描述想要介绍的具体内容，如果是期刊论文撰写，最好初步罗列结果与讨论部分中每个小结的标题。相关内容中若有需要特别注意的，则也可以继续创建下级标题进行注释，以免在撰写正文的过程中有所遗漏。

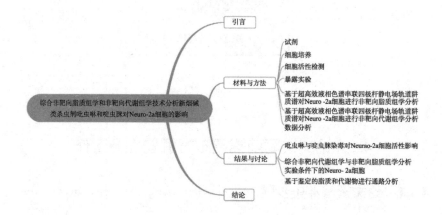

图 4-1　采用思维导图进行罗列大纲举例

2. 完成图表制作

完成论文框架搭建之后，还要重视文中图表的制作。建议一定要在论文撰写前就将想要放在正文中的图表都做出来，包括一些实验数据的显著性分析结果。这样做的目的是可以站在更高的维度看待不同实验结果相互之间的关联性，从而有利于从全文的角度把握论文走向，而不是对不同实验结果的简单堆砌。

之所以建议重视提前进行图表制作，是因为一张精美的图表背后隐藏的时间成本可能远远超出想象。笔者曾看到一位师兄发表的论文中有一张很精美的机制图，于是发消息问他，那张图是花了多长时间做出来的。师兄的回答让笔者很惊讶，他说他在撰写论文之前就在脑海中有了草图，但是一直没有画出理想中的样子，于是不断地在画图软件中修改，总计花了一个多月的时间。

笔者之前也曾在短视频中分享过自己当年因为准备考博不得不把硕

士毕业论文的准备时间压缩到一周内。不过幸运的是笔者有及时将实验结果整理成对应图表的习惯，所以那一周的时间主要用来完成论文的文字部分，不再需要额外花费太多的精力和时间修改图表，否则一定是完不成的。

3. 定向阅读文献，适当摘录

研究生在第一次撰写英文论文时不知道该如何下笔是一种很正常的现象，不要给自己太大的心理压力，但一定要知道解决这个问题的方法是什么。

在没有写作灵感的时候，笔者会采取定向阅读文献并进行适当摘录的方法。具体来说，就是在完成论文大纲之后，会基本明确论文的写作方向和主要内容。于是，可以通过关键词检索以下载那些与写作框架相似的文献并逐句阅读。这时，看到写得好的科研句式就可以主动摘抄下来，积累素材。一方面，这些句子可以供后续改写和替换，从而应用在自己的文章中；另一方面，这篇文献本身可能也会成为日后的参考文献。

在积累的数量达到一定程度后，就可以尝试动笔撰写自己的论文了，毕竟不可能永远停留在摘抄别人语句的阶段。一开始，写出的句子或许还会存在各种各样的问题，但是一定要强迫自己尽可能往下写，后续再做修改。很多时候，灵感是在写作的过程中突然产生的，只有通过工作量的积累和训练，写作过程才会越来越顺畅。

视频：研究生如何写好毕业论文

4.1.2　准备过程注意事项

1. 克服拖延的心理因素

每个人或多或少都会有想要偷懒、拖延的时刻，论文撰写时也不例外。然而，事情不会因为被拖延而自动完成，该完成的工作一样也不会少。所以，需要努力克服拖延的心理因素，在论文写作方面尽早规划和行动。

之所以需要提早开展期刊论文撰写工作主要是因为发表论文是很多学校衡量研究生是否达到毕业要求的重要参考标准。而且，论文从撰写到投稿，再到返修和接收都需要花费一定的时间，论文撰写之外的等待时间具体是多久，并不受研究生主观控制，因此，想要在毕业前有文章见刊，尽早着手投稿是最保险的做法。

学位论文撰写也是一样。研究生三年级的同学不可避免地有很多事情需要准备，找工作、考公务员、准备考博或出国等事项都会占用大量的精力和时间，而且很多同学还要在最后阶段继续花费一些时间完成课题的收尾工作，如果不能尽早规划学位论文的写作，后面的时间就会更加紧张。

2. 先完成，再完美

很多人做事会有一个习惯，就是一定要等到时机完全成熟再开始行动，或是在做某件事的过程中追求一次性把细节做到完美。其实，如果想要高效地完成一件事，一定要学会"先完成，再完美"，也就是说先开始行动，得到初步结果之后再对不完美的地方进行优化和完善。采用这样的方式做事既能够高效完成，也能够通过后续努力得到高质量的成果。

撰写论文也是一样。如果在撰写初稿的阶段就力求将每一句话写得毫无瑕疵，一方面这很难做到，另一方面这样做也会大大降低完成稿件的速度。而且，在初稿阶段就将过多的精力聚焦在对细节的打磨上，就很难站在全局的角度把握全文的写作要点。

其实，每篇论文从初稿撰写到最终发表都要经过几次、十几次的修改，要清楚每一个阶段应该重点完成的内容是什么，在完成的阶段专注完成，在完美的阶段专注完美，生活中的很多事都会遵循这个道理。

从心理感受的角度来看，初步完成一篇论文的撰写后，即使自己很清楚它还存在很多细节方面的问题，但毕竟已经有了一份完整的稿件呈现出来，心理压力也会小很多。

3. 动笔前，要看清规则

无论是期刊论文还是学位论文，还有一点值得注意的就是，在撰写论文之前一定要清楚相应的要求，以免后续因为不符合格式要求而返工。

如果是撰写期刊论文，建议在搜集参考文献的阶段就初步锁定想要投稿的期刊，然后在期刊的官方网站下载作者须知（guide for authors）并仔细阅读。有的期刊在某些方面会有自己独特的要求，这些信息要格外留意。比如，如果目标期刊要求论文中结果与讨论一定要分开来写，那么在撰写阶段就最好按照规定拆分这些内容，以免后续投稿时还没有送审就被编辑以格式不符为由退稿。

至于撰写学位论文，每个学校都会有明确的规定和要求，并会在最后一学期的开学之初发给大家（图 4-2）。学位论文在格式审查方面会更加严格，如果不符合要求则会被逐级退回，直到修改正确后才会进入论文送审环节。

（八）正文

博士学位论文要求有两年以上工作量，论文正文字数 4 万字以上。

硕士学位论文要求有一年以上工作量，论文正文字数 2 万字以上。

正文是学位论文的主体，包括绪论、论文主体、结论等部分。

图 4-2　中国农业科学院研究生学位论文部分要求

4.1.3　一篇论文的完成周期是多久

1. 期刊论文举例分析

科研"小白"最关注的问题之一就是写一篇期刊论文究竟需要花费多少时间。这个问题或许没有统一的答案，因为每个人的专业领域不同，掌握的科研知识储备不同，写作能力和表达能力也不尽相同，这些都会影响论文初稿完成所需要的时间。

尽管论文写作速度会受诸多因素影响，但还是建议在从事科研工作之初不要贪多贪快，先熟悉过程、掌握方法，这样随着时间和能力的积累，后续再次进行论文写作时，速度也一样会获得提升。

第一次撰写英文论文时，可以尝试用一个月的时间完成初稿，并具体按照以下方案安排时间：第一周，搜集文献、整理和罗列大纲、完成剩余图表制作；第二周至第三周，撰写文章中的各部分主体内容；第四周，完成摘要、结论的撰写、图形摘要的绘制、补充材料的整理、参考文献的插入等内容。

当然，这样完成的一篇稿件，还需要进行不同程度的修改，之后才能尝试投稿。作者可以自己进行第一轮修改，然后请相同研究方向的师兄师姐帮忙审阅，参考他们的意见进一步修改后，再邀请导师进行第三轮审阅，这样层层把关下来再尝试投稿会相对稳妥。

2. 学位论文举例分析

学位论文的撰写自然也是越早开始动笔越好，但是考虑很多同学的课题都是在三年级上学期临近尾声时才能彻底完成，所以也没有必要过于焦虑、过早布局。

比较合适的时间是在三年级上学期即将结束时确定好论文框架，并要请导师把关确认。有的同学会按照自己的想法着手撰写学位论文，结果辛苦完成后拿给导师看时，文章从框架上就被否定了，结果就是浪费了太多时间。

视频：研究生撰写毕业论文没有灵感怎么办

时间来到次年的 1 月至 2 月，这两个月是完成学位论文的最佳时间。一方面，课题相关的实验都已完成，方便从总体进行内容确定；另一方面，很多考试和招聘还没有正式开始，时间会相对受控。进入 3 月后，要开始重点修改论文中的细节内容，并为论文查重做好准备。

无论是期刊论文，还是学位论文，每篇论文的最终呈现一定是经历了无数次的打磨和修改的，也只有一次又一次地体验这个过程，论文撰写能力才能获得不断提高。

4.2　7 个步骤完成期刊论文初稿撰写

即使做好了充分的准备工作，很多研究生在论文撰写时还是会感觉压力倍增，要么停留在文献阅读阶段不知道该从何处下笔，要么看着整理好的图表却毫无头绪。其实，就像很多考试未必需要按照试卷上的题目顺序依次作答一样，撰写期刊论文初稿也不一定要严格按照排版顺序进行。本节将分享笔者经过反复摸索和实践检验后的论文写作顺序，希望能对正在论文撰写方面感到焦虑迷茫的科研"小白"们提供一些思路和帮助。

4.2.1　撰写材料与方法

之所以优先撰写材料与方法，主要是因为在一篇论文中，这部分内容的撰写难度相对最低，即便不知道如何撰写，也可以在同领域的其他参考文献中找到完整的内容借鉴，从而更容易完成。

以生物化学相关研究为例，材料与方法部分包含的基本内容有实验试剂、实验仪器，以及论文中涉及的相关实验方法的介绍，这些都能够在对应的文献中查找到。不过需要强调的是，即使做的某个实验与某篇文献提到的完全一致，也不能完全照搬其对这个实验的描述，因为期刊论文在投稿之后会查重，作者应该在保证意思表达准确的基础上进行适当改写。

此外，在撰写材料与方法时还应该注意每个部分在文中放置的顺序。比如，相对基础的实验要前置，复杂的或起验证作用的实验要放在相对靠后的位置，材料与方法的最后通常会以"Data Analysis（数据分析）"收尾，介绍文中具体使用的统计学方法、数据分析软件、数据库网站等内容。

虽然材料与方法这部分内容撰写难度不大，但它的完成会带来一定的成就感，从而树立写作信心。

4.2.2 撰写实验结果

期刊论文的结果部分要么会单独列出，要么与讨论结合在一起来写。无论是哪种形式，在撰写实验结果时应该遵循的第一原则是结合文中呈现的图表，用准确、简练的语言将获得的实验数据描述清楚。

然而，描述实验结果并不等同于所有数据结果都用同一种句式进行单调的展示，因为论文也是文章的一种，除了准确和严谨之外，也要尽可能考虑到它的可读性。作者也可以尝试借鉴同义词替换网站或翻译软件使用的词汇，拓展自己的词汇量，让全文的表述方式尽可能丰富一些。

4.2.3 撰写讨论

首先需要注意的一点是，如果将结果与讨论合并在一起来撰写，那么讨论也要在结果阐述清楚之后再进一步展开叙述；如果结果和讨论在论文中是两个独立的部分，那么讨论部分要尽可能从论文总体情况进行综合探讨，循序渐进地展开。

讨论的主要目的之一在于将当下的研究与前人的研究结果相比，判断其究竟是一致的还是相反的。如果结果一致，说明这些研究之间可以作为彼此验证的有效依据；如果得到的实验结果与大部分人的研究结果是相反的，则更要深入探讨其背后可能的原因，有时候独树一帜的实验结果反而可能会带来崭新的科学发现。

其实，无论得到的具体实验结果是什么，讨论部分还应该着重探讨导致结果发生的可能机制，这一点尤为重要，也需要查阅大量的文献资料进行推断支撑。因此，可以常常看到很多优质期刊中的论文，会围绕一个十分聚焦的科学问题展开各个角度的验证实验，从而使结论更具有科学性和完整性。从一个科学问题入手，围绕这个问题设计丰富的实验，从多个角度进行验证，才是将科学问题深入下去的正确方法，而不是一味堆砌那些常规的实验结果，最终连自己都不清楚它们之间的联系和意义是什么。

论文讨论中常常涉及的另一方面就是探讨本研究的不足。如果确实存在不足，那么客观地进行评价和探讨是无可厚非的。比如，基于体外细胞模型进行的相关研究，那么就可以在讨论部分提到相关研究结果还需要进一步开展体内实验研究。比如，利用动物实验进行验证，从而增加相关内容的研究深度。

其实，无论是日常还是在撰写论文阶段的文献阅读，都可以将看到的那些令人眼前一亮的句式收集整理起来，学习和借鉴别人描述问题、展开讨论的方式，并将之应用在自己的论文中，长此以往，论文撰写能力和逻辑能力都会得到提升，而不是只会单纯地借助英文翻译软件将中文论文直接翻译成英文。

视频：研究生如何区分论文结果与讨论

4.2.4　撰写引言

有了上述三部分内容的积累，对当下这篇论文的总体思路也就有了更加深入的理解，而且通过撰写结果与讨论时阅读到的文献还会获得关于研究背景句式的积累。这样一来，引言撰写在难度上就会降低一些。

还记得前文介绍的"论文撰写前需要做好的准备工作"中提到的"大纲罗列"吗？随着论文内容的逐步完成，可以发现，之前罗列的大纲内容或许与全文的核心观点有一定偏差。这时，需要基于真正呈现出的结果、讨论等内容优化和调整引言的撰写方向。要意识到，看似背景介绍的引言并不是天马行空地介绍基础知识，而是在为后续内容做铺垫，引出研究的对象和目标，突出研究的亮点。

论文撰写能力确实需要花费大量的时间和精力才能获得一定提升，而能力提升的最主要方式就是多读文献。读过足够多的文献后就会经常发出这样的感叹：原来实验数据还可以通过这种图形展示？原来关于某个概念还可以这样介绍？原来不同句子之间的起承转合可以这样自然？就像只有经常走出自己的圈子才能看到更广阔的世界一样，见识过足够

多的优质文献，才能更好地在论文写作方面进行
自我反思和自我提升。

4.2.5 撰写摘要与结论

视频：如何撰写
SCI 前言

摘要和全文结论是一篇论文中最关键结果的
凝练，因此，一定要在正文内容全部完成后再撰
写这部分内容，这样才能知道哪些实验对应的结
果创新性高，一定要重点体现；哪些结果很基础，一笔带过甚至不提都
可以。

之所以要重视论文摘要和结论的撰写，还有一个重要的原因就是论
文投稿时，大多数编辑会优先看这两部分内容。试想一下，如果连摘要
都撰写得逻辑不通、错误百出，而且没有什么科研方面的亮点，那么编
辑还会对后续长篇大论的内容感兴趣吗？此外，还要注意，不同期刊对
摘要字数的限制或许不同。有些期刊的投稿系统会要求将摘要单独列出，
如果字数超出上限，是无法继续进行下一步投稿操作的。所以还是需要
在投稿前再次认真阅读、核对"作者须知"，修改不规范的部分，以免影
响后续投稿操作。

摘要和结论的主要区别体现在，摘要通常会在
开篇用 1~2 句话简要介绍一下论文的研究背景，
然后再引出研究内容与结果等，而结论是整篇论文
最后一个部分，起到的作用更主要是归纳和概括。
研究的背景已经在引言和讨论部分详细阐述过了，
因此通常不需要在摘要和结论中再次提及。

视频：科研"小白"
如何撰写论文摘要

4.2.6 插入参考文献，并修改格式

对参考文献样式，不同期刊也有不同的要求。比如，有些期刊要求
列出参考文献中的全部作者，有些期刊要求在每篇文献后附上文章的
DOI 号等。计划投稿的期刊对参考文献的具体要求在"作者须知"中都

能找到明确规范。

最传统、也最不容易出错的方式就是手动录入，不过这种方式效率低下，特别是当有数十篇甚至上百篇参考文献需要列出时，这会是一项耗时耗力的工作。聪明的学生通常都会借助软件统一插入，比如，Endnote、NoteExpress 等。不过，软件自动插入的参考文献常常会存在格式和信息不准确等问题，更好的办法通常是借助软件进行初步插入，然后手动核对和修改。

使用 Endnote 软件插入参考文献的具体步骤如下。

（1）下载安装 Endnote 软件

（2）打开百度学术首页

（3）打开论文文档

（4）将光标放在想要插入文献的位置

（5）在百度学术中搜索文献名称

（6）找到文献（即使没有免费下载的资源也不影响引用）

（7）单击引用

（8）将导入链接的形式选择为 Endnote

（9）将名称改为该文献的名称，将存储路径务必选择为 Endnote library，然后单击下载

（10）在 Endnote library 目录中找到刚刚下载并准备引用的这篇文献

（11）右击，将打开方式选择为 Endnote

（12）导入文献，打开论文文档，检查 Word 中 Endnote 菜单下是否选择了目标期刊

（13）检查光标是否被放在了希望插入文献的位置

（14）回到 Endnote 软件中，选中文献，单击引用

4.2.7　修改图形摘要

图形摘要不是所有期刊要求的必选内容，但出于丰富论文形式的目的，很多作者都会选择在上传稿件时同时上传图形摘要。在笔者看来，

一幅高质量的图形摘要有两个方向可以突破,要么足够专业,要么足够有趣。

比如,论文正文内容中的某幅插图极富专业性和创新性,又能突出展示某个重要的实验结果,那么就可以将它作为图形摘要的核心,然后通过关系线、文字等方式与其他结果关联和说明等。切记这种方式的图形摘要一定不能出现太多文字,以免喧宾夺主。

还有一些论文的图形摘要主打有趣。笔者曾在一篇介绍微塑料毒性研究的论文中看到作者在图形摘要中用漫画的形式将微塑料这类有害物质画成了伸出魔爪的鬼怪形象,而将生物自身的防御系统画成了戴着墨镜从容应对的、充满战斗力的小人儿。这种形式的图形摘要常常能给读者留下更为深刻的印象。

视频:撰写 SCI 的
正确步骤,你知道吗

以上就是笔者关于一篇期刊论文撰写的 7 个步骤的拆分,如果还不知道该如何下笔撰写一篇论文,那么不妨从借鉴这套方法开始尝试。如果有自己适用的写作习惯,也完全可以继续坚持自己的方法,毕竟方法不是唯一的,写出一篇优质的论文才是最终的目的。

4.3　3 个方法,3 个技巧,帮你挑选合适期刊

通过前面内容的介绍,相信大家对如何进行一篇论文的准备工作,以及采用何种顺序撰写一篇论文都有了清晰的认识。不过,新的问题又出现了,很多同学辛苦撰写并修改文章,却不知道应该向哪个期刊投稿。本节就来分享 3 个方法与 3 个技巧,揭示挑选适合自己的目标期刊的方法。

4.3.1　3 个方法,论文投稿如何选刊

1. 通过参考文献挑选

首先需要明确的是,最好不要等到全部论文内容撰写完成后再考虑

选择目标期刊，这一点前文也提到过。早在罗列大纲、阅读参考文献时就要同时开始留意合适的目标期刊。

无论是日常还是在撰写论文阶段，阅读参考文献时除了重视文献本身的内容之外，还要养成习惯去看一下这篇文献来源于哪个期刊，并有意识地对这一期刊进行影响因子和分区情况的检索查询。这样一来，随着文献阅读数量的不断积累，对本领域的研究内容适合发表在哪些期刊上也会有一个大致的了解，从而有助于在论文投稿时选择更有价值的目标期刊。

以环境领域的期刊为例，像 *Journal of Hazardous Materials*、*Environmental Science and Technology*、*Environmental Pollution* 等都是不错的期刊，如果论文能发表在这些期刊上，那么将会更容易获得同行的认可。需注意，每个期刊偏好的研究方向各不相同，要酌情考虑自己论文中的研究内容与期刊本身的契合程度。当然，更为保险的方法是从参考文献中挑选不止一个期刊作为备选，然后再进一步请教导师或身边其他有经验的人做最终抉择。

2. 根据师兄师姐论文发表情况挑选

通常来说，课题组内会有与自己研究方向相似的其他同门，在不知道该选择哪个期刊投稿时，不妨留意一下研究方向相近的师兄师姐，他们的文章发表在了什么期刊上，然后以此作为自己投稿的目标期刊之一。

根据师兄师姐论文发表情况来挑选期刊主要有两个优势：一方面，师兄师姐有投稿该期刊的实际经验，从投稿注意事项到审稿周期、回复审稿意见要点等方面都能提供一些经验分享和有效帮助，对科研"小白"，特别是没有投稿经验的同学来说，这会是十分宝贵的参考意见；另一方面，研究生阶段大家通常都会使用导师（通讯作者）在投稿系统中的账号投稿，如果课题组之前在该期刊有多篇被录用的投稿记录，那么或许会对即将要投稿的这篇文章起到积极的作用。

3. 通过学科方向检索挑选

笔者曾有过英文论文被拒稿七次后才接收的经历，每一次被拒稿后，除了感到失落之外，笔者还会为下一次不知道该选择哪个期刊而焦虑。也正是在那个阶段，笔者了解到了第 3 个寻找目标期刊的方法，就是根据学科方向在相关网站检索挑选。

相较前两个方法，这个方法的好处是能够尽可能全面地了解自己研究领域内不同等级的期刊情况，也能够掌握这些期刊近年来的影响因子、分区情况及网友分享的审稿周期等信息。很多网站都能够实现期刊信息的查询，不过建议使用知名度更高的网站，从而保证查询结果的准确性，如 Letpub 网站。

在广泛查询目标期刊的过程中，还要留意哪些期刊属于 Open Access 类型（OA 期刊），即需要收取版面费的期刊。如果最终确定选择某一 OA 期刊投稿，那么一定要提前与导师商定确认，是否有相应的课题经费予以支持，以免在最终支付费用时产生分歧。

4.3.2　3 个技巧，避免选刊踩坑浪费时间

1. 结合文章质量挑选期刊

每个人都希望自己的论文最终能够发表在影响因子高、影响力大的优质期刊上，但也要结合自己论文的质量综合判断。一味追求高质量期刊，最终被拒稿反而也会浪费时间和精力。

很多同学会认为，投稿本身就是一次碰运气的行为，索性先选最好的期刊投稿。笔者并不否认运气的成分，但建议在这样做之前至少需要满足这 3 个条件：①论文本身已经进行了数轮修改，无论是导师还是师兄师姐都认为质量过关；②该期刊近五年来接收过本研究领域的论文，但又不至于研究内容高度相似；③距离毕业还有一段时间，如果被拒稿和重新投稿，时间相对充足，或者能顺利毕业不需要凭借这篇论文被接收。

也就是说，要跳出第一作者的视角，从一个更客观的角度看待自己这篇论文的质量，然后做出更加理性的判断。当然，选择期刊只是决定最终结果的第一步，一篇论文最终会发表在哪个期刊上，具体还需要后

续若干步骤的综合因素来决定。笔者也曾听一位博士在分享她自己的投稿经历时说到,她的第一篇 SCI 论文被拒稿过二十几次,第二篇论文却在第一次选择投稿了一个 Top 期刊后就被顺利接收了。所以,还是要在主观上先做出充分的努力,再以平常心看待结果。

2. 征求导师意见,了解合作情况

其实,无论是论文投稿还是课题相关的其他事项,都建议养成主动与导师沟通、汇报的习惯,这样做既能体现对导师的尊重,拉近与导师的距离,又能及时获得一些重要的建议,少走弯路。

就论文投稿来说,可以在请导师修改稿件的阶段顺便提出自己对目标期刊的初步想法,征求导师的意见。如果是 OA 期刊,更要跟导师沟通清楚是否可以投稿。导师的投稿经验通常比学生丰富得多,哪些期刊真的不错,哪些期刊只是表面看上去还可以,导师会更清楚。

另外,作为领域内的专家,很多导师也会经常收到一些期刊的约稿邀请,如果某一份约稿主题正好与学生当下这篇论文的研究内容一致,导师或许会将这个机会给学生。这也再次说明,与导师及时沟通进展和想法有多重要,因为如果导师连学生当下正在开展的实验、论文撰写的进度和内容都不清楚的话,又何谈给学生机会呢?

3. 关注期刊审稿周期

审稿周期长度是决定论文发表周期至关重要的因素,也可能会对研究生能否顺利毕业产生直接影响。比如,学校要求每位硕士研究生必须要有一篇 SCI 论文才能达到毕业要求,而投稿时距离毕业答辩还有不到半年的时间,如果恰好目标期刊的稿件处理效率特别低,审稿周期长达数月,且在最终给了"拒稿"的决定,那么产生的影响可想而知。所以,在选择目标期刊时,除了关注期刊本身的质量之外还要关注审稿周期。

那么该如何判断一个期刊的审稿周期大概是多长时间呢?

第一个方法就是请教身边曾向该期刊投稿过的同学或师兄师姐。如前所述,有过投稿经验的他们可以提供很多关于该期刊的细节信息。无论对方的文章最终是否被该期刊顺利接收，都可以多问一下关于审稿周期的问题。比如，第一轮审稿大概需要等待多久？如果不幸在尚未送审时就被拒稿，这个过程通常需要等几天？当然，每篇论文的情况都不一样，处理稿件的编辑也不尽相同，会导致审稿周期各不相同。不过，只要标本足够丰富，就一定会具有重要的参考价值。

身边找不到可以咨询的人该怎么办呢？还有一个通用的方法，就是在文献里找答案。

例如，可以在任何一个收录了该期刊的数据库中检索其近三年来收录的论文，不需要看文献的具体内容，只关注论文首页上的 3 个信息即

视频：如何快速判断期刊审稿周期

可：Received Date（收稿日期）、Received in Revised Form Date（收到返修稿件的日期）、Accepted Date（接收日期）。通过上述 3 个时间节点就能够收获至关重要的信息，即审稿周期。当然，为了使搜集的信息更具备普适性和参考性，最好以同样的方法查看 20～30 篇文献的相关数据，从而对该期刊的平均审稿周期有大致的了解。

4.3.3　其他注意事项

在确定好论文内容并选择好目标期刊，真正准备投稿时，还有一些细节问题值得注意。

一方面，就是一定要对稿件的全部内容进行最终确认。笔者通常会在最终确认完毕后再确定一下文件总数及图表总数，并将全部有待上传的材料放在一个单独的计算机目录中，以免后续上传时有所遗漏。另外，可以提前将稿件（manuscript）文件另存为一份 PDF 文档，因为大部分期刊要求同时上传 Word 版本与 PDF 版本。

另一方面，要提前搜集和确认投稿过程涉及的全部信息。还记得第一次投 SCI 论文时，由于缺乏经验，笔者一边填写投稿系统中每一步的

内容，一边给其他作者发消息，索要他们的邮件地址。因此，"材料齐全"不仅包括稿件、图表、补充材料、投稿信等内容，还包括其他容易被忽略的信息，如共同作者的邮箱与单位名称、选择哪个编辑处理稿件（虽然未必会被采纳）、推荐的审稿人及其单位和邮箱信息，以及推荐原因的简要描述等。只有将这些材料统统准备好再着手上传，才不至于在上传过程中手忙脚乱，或因为信息不全需要查找而浪费大量时间。

无论是论文撰写还是投稿期刊选择都需要掌握方法、留意细节、及时请教他人，只有准备充分、细致才能少走一些弯路，提高论文被顺利接收的可能性。

视频：科研"小白"挑选投稿期刊该把握哪些原则

视频：中文核心期刊投稿避坑指南

视频：如何选择优质SCI 期刊

4.4　如何回复审稿意见

完成一篇论文，从前期的思路设计，到撰写过程，再到最终的投稿，都需要研究生们付出辛苦和努力才可能换来令自己满意的结果。然而，好不容易投出的文章在经历了漫长的等待后终于收到编辑和审稿人的返修意见时又该如何回复才能保证论文最终被顺利接收？这个问题又难住了很多同学。确实，有些意见乍看起来似乎很苛刻，其实是有回复技巧和方法的，需要做的就是调整好心态，耐心处理每一个问题，只要拼尽全力，无论结果如何都会在这个过程里收获成长。

4.4.1 返修稿件注意事项

1. 正面回答，不要回避问题

无论收到的返修意见是几条还是几十条，对待这些问题时应该把握的最基本的原则就是正面回答，不要回避问题。

通常来说，审稿人提出某个问题无非是基于以下两种情况：第一种情况是审稿人恰好是该研究方向的专家，并且对论文中呈现的内容十分了解，包括一些实验细节，因此，他认为此论文在介绍某个内容时不够规范和准确，从而提出质疑；第二种情况是审稿人属于大同行，也就是说他算是这个研究领域的专家，但从事的具体研究工作与论文涉及的研究内容相差较远，对论文中介绍的具体细节也不是很清楚，他提出某个问题其实是更希望论文能给出充分的介绍和解释，从而说服他。

无论是以上哪种情况，作为论文作者都要针对问题本身给出正面回答，不要给出一些大而空的答案，看似回答了却没有指出关键所在。如果以文章类型做比喻，论文更像是说明文，即应该对研究内容与研究结果做出准确的说明和合理的解释。论文不能像散文一样让读者在阅读时难以抓住重点，因为审稿人无法接受这种形式的回复。

2. 深度解析问题，不要流于表面

除了做到正面回答之外，还要尽可能对相关问题进行深度解析，从而给出合理、充分的解释。

在这个过程中，原有的知识储备或许不足以让论文作者更加深入地对某个问题进行回答，那么就需要查阅大量的文献或资料，从证明自己研究内容合理的角度整理答案。如果还不懂对方提出的某个问题中包含的一些专业参数，也找不到十分准确的参阅材料，那么就要尽可能多地去请教身边对这方面知识有所了解的人，千万不要想当然地去应付。

通常来说，如果期刊给了论文返修的机会，但最终还是做出拒稿的决定，那么最可能就是返修稿件没有做出充分细致的修改，也没有全面地回答审稿人提出的问题。所以，还是要认真对待返修意见，珍惜来之不易的返修机会。

3. 返修稿件格式注意事项

在返修意见回复文档中，相关内容的格式是怎样的？可以参考图 4-3
展示的形式。

Dear editor and reviewers,

Thank you very much for your consideration and comments on our manuscript entitled "**论文标题**"
(Manuscript ID: **论文在投稿系统中的编号**). These valuable comments are all very helpful for
improving and revising our manuscript. We have carefully reviewed the comments and made
corrections accordingly which we hope will be met with approval. Below is our point-by-point
response to the reviewer's comments and attached is a revised manuscript with the respective
changes highlighted.

Response to Editor（如果编辑有提出具体问题，则优先列出编辑的问题及回复）

Response to Reviewer1

……（审稿人通常会在提出具体问题前，用一段话概括本文内容和主要问题，这里把
Reviewer1 的这段描述 copy 下来放到这里，然后优先给出一个总体回复，如下：）

Response：礼貌表示感谢 [可参考上一段话：Thank you very much for your consideration and
comments on our manuscript entitled "论文标题" (Manuscript ID: 论文在投稿系统中的编号).
These valuable comments are all very helpful for improving and revising our manuscript…]
对 Reviewer1 在总体上质疑的问题给出概括性回复，比如，Reviewer1 建议某些没有在文中
展现的数据应该放在补充材料中，这里可以说明，对应的数据已经进行了补充，并整合在了
补充材料×××中

1) Line ××: Reviewer1 的第 1 个具体问题

Response：你的回复

2) Line ××: Reviewer1 的第 2 个具体问题

Response：你的回复

……以此类推

Tips:

1. 建议将审稿人的问题加粗，你的回复中只有 **Response** 加粗而具体的内容不加粗用于区分
问题和回复；也可以将问题用蓝色/红色，回复用黑色，即不同颜色进行区分。

2. 所有问题尽可能正面回答，讲透彻，如果对方提出的问题不够准确（或许是大同行，不了
解你研究内容的细节），那么在保持礼貌的同时可以进行反驳。

3. 可以适当加入插图、表格及参考文献，用来辅助回答，使回复的内容更加充分、更有说服
力。

图 4-3　审稿意见回复模板及注意事项

总的来说，文档内容要注意兼顾美观性和可读性，不过期刊通常不会对返修意见回复的文档进行格式方面的要求，因为这部分内容毕竟只有编辑和审稿人查看，他们更关注的是有没有将问题回复清楚。提升美观性可以设置文档行距、字体、字号，部分内容可以更换颜色或加粗表示等。笔者的习惯是将对方的问题用黑色加粗的方式展现，然后在回答每个问题之前以 Response（回复）作为开头。笔者也看到有其他同学习惯用蓝色表示问题描述，用黑色表示回复内容，这样做也是可以的，因为这样做的目的就是将两部分内容有效区分，方便编辑和审稿人查看。

要想提升文档内容的可读性，可以用一段话总体回复审稿人提出的问题，这段内容主要应表达对审稿人专业能力的肯定和提出问题的感谢，并对总体回复情况进行概述，然后再逐一回答各个问题。在回答每个问题的过程中，可以间隔若干问题后再次适当表达感谢，或者对审稿人提出的某个极富专业性的问题给予肯定，但不需要在每一个问题中依次表达感谢。如果感谢表达得过于频繁，会让审稿人在阅读回复意见时分散注意力，也会显得论文作者对自己的研究结果很没有底气。

4.4.2　修改稿件的重点步骤

1. 单独摘录并翻译问题

如何能让审稿意见回复和稿件修改这个看似颇具难度的工作相对容易完成一些？不妨尝试一下下面的方法。

首先，要将编辑和全部审稿人的问题整理到一个文档中。笔者更推荐的方法是将这些问题手动翻译，并记录在对应的问题旁。看上去这似乎是没什么技术含量且浪费时间的一件事，但这样做最主要的作用是可以在翻译的过程中使大脑不由自主地思考。

这个问题容易回答吗？

从哪几个角度论证或许更合适？

这样一来，在翻译完毕后就能对全部问题有一个总体的把握，也会大概了解这些问题中容易回答和较难回答的比例是多少。另外，不同审稿人经常会提出同一个问题，这样做也可以借此机会对这些问题进行合并和整理，方便后续一同回答。

为什么要建议将问题翻译成中文呢？毕竟中文是同学们的母语，有助于更深刻地理解问题本身，特别是当问题数量较多时，虽然很多人能够看懂每一个问题，但他们其实还是要在脑海中先理解每个问题的意思再思考该如何作答。如果问题是以他们更为熟悉的中文呈现在眼前，那么将会更有助于他们深度思考，而不需要再花费精力来翻译。

2. 确定回答顺序，由易到难作答

对问题本身有了更为清晰的认识后，不要急于按照顺序撰写回复意见，应先按照难度对全部问题进行归类。可以将全部问题分成简单、中等、较难 3 个类型，然后用不同的符号标注。接下来，优先回答那些简单的问题，比如，某个单词拼写错误、建议删掉某句话、某个词语使用不够准确等。虽然这些问题看似不需要太多技术含量，但每多完成一条回复，心理压力就会减少一些，这与在撰写论文时优先去写"材料与方法"的道理是一样的。简单的问题回复完后再依次解决难度中等和较难回答的问题。

其实，虽然将难度大的问题放在后面回复，但每次回复简单的问题时，多数人的目光都会不经意"路过"那些难题，这也会使这些问题在脑海中不断加深印象，促使大脑不断思考该如何回答它们，延长了思考那些难题的时间。

越是难以回答的问题，越需要花费更多的精力和时间查找资料、请教咨询，从而形成最终的答案。这个过程是每个研究生都需要经历的，也只有熬过了这些磨炼才能积累到更多的经验，收获论文写作方面的进步。当然，作为科研"小白"，如果对自己辛苦整理的回复意见还是没有把握，那么一定要在重新上传投稿系统之前请导师或是有经验的人帮忙检查把关。

4.4.3 修改稿件注意事项

1. 采用修订模式

缺乏投稿经验的同学可能会将更多的精力和时间优先放在回复审稿意见上，等到意见回复完毕后再修改论文。如果还在这样做，那么效率就太低了。

建议在回复审稿意见时，对涉及需要修改原文的内容一定要用修订模式。这样一来，回复意见撰写完毕后，论文中需要修改的内容也基本会同步完成，能够大大提高完成效率。

修改原文时采用修订模式主要有以下原因：首先，期刊要求在提交返修文章时上传含有修改痕迹的版本，这样方便审稿人查看原文具体有哪些修改，特别是可以查看审稿人指出问题的地方是否有改动；其次，如果修改后的内容需要请其他人把关，那么别人也能够了解文中哪些地方有改动，他们也会重点查看这部分内容；最后，能方便自己检查修改内容，特别是重新上传稿件之前，论文作者可以对照审稿意见的回复内容再次检查原文是否也进行了相应的修改。

之所以要重视原文中的改动，是因为一旦文章被接收，回复审稿意见的文档并不会呈现在读者面前，而稿件本身却会，所以对两个文件的修改要保证一致。

2. 审稿人要求补充实验，该怎么办

有时候，在收到返修意见时会看到编辑或审稿人建议补充某个实验，对这种情况该如何处理呢？

笔者的建议是，如果需要补充的实验是能力范围之内比较容易实现的，并且增加这一实验结果确实能够对实验结论起到至关重要的辅助作用，那么建议尽量满足这一要求。如果要求补充的实验难度较大、周期较长，且不是该研究过程中必须要具备的，那么可以在给出充分的理由后拒绝补充，不过这样或许会增加论文被拒稿的风险，因此在阐明原因时要注意措辞，既要体现足够的礼貌，又要给足依据。

其实，在我们与编辑或审稿人的意见不一致时，也可以做出适当反驳，并不是所有问题都要无条件迎合对方的建议。不过，前提也永远只有一个，就是有充分的依据作为支撑，这些依据需要查阅大量的文献资料作为佐证。

总的来说，论文能够收到返修意见就应该认真对待、抓住机会，尽力处理好每一个问题，即使最终被拒稿也可以说自己真的尽力了。

视频：女博士是如何返修审稿意见的

第 5 章

深度思考能力

5.1　总犯相同错误是因为不会总结归纳

　　喜欢观察生活细节的人会发现一个有意思的现象：习惯丢钥匙的人可能也会经常丢失银行卡和公交卡；喜欢把工位收拾得干净整洁的人，家里通常也不会又脏又乱。没有人能保证在工作、学习和生活中不遇到困难，但有的人习惯总结，所以总能在每一次突破困境之后通过反思、复盘获得属于自己的感悟和成长；也有的人在遇到不顺时只知道难过抱怨，而在问题真正获得解决或因为各种客观原因变成"过去式"后，他们也就跟着"雨过天晴"了，不深度思考问题的本质，更不会举一反三，于是下一次依然在类似的事情上栽跟头⋯⋯

5.1.1　为什么总结归纳很重要

1. 避免同类错误重复发生

　　学生时代的人们在经历考试时都会有这样的感受：如果一道题目因为本来就不会做而丢分往往并不会让人觉得可惜，然而，如果原本会做却因为一时疏忽做错了，那么人们就会很懊恼。这就是很多老师会在小学起建议学生使用错题本，要求学生将做错的题目归纳总结、反复练习，直到同一类型的题目完全会做为止的原因。

这也是总结归纳的最主要作用：避免同类错误重复发生。一旦养成这样的习惯，就会在生活中的诸多方面运用这样的思维方式，也会在总结的过程中掌握规律，让很多事情变得更简单。

刚参加工作的时候，笔者开车技术还很差，特别是走不熟悉的路线时，即使听着导航也会很紧张。每天上下班的路上，笔者用不超过 60 千米/小时的速度保持一个新手司机该有的谦虚，其实也在同时记路线和"自我反思"：刚刚那个路口经常会出现外卖员，应该再减速的；进入主路后，要先看后视镜，再并向中间车道……这些在老司机眼里应该只是不值一提的小细节，笔者却始终郑重其事地对待，一方面希望自己养成好习惯，另一方面也确实因为遇到过一些有惊无险的时刻，只有自己重视并改正才不会让危险真正发生。

科研工作也是如此。很多刚进实验室的研究生在跟随前辈学习实验时，发现对方并没有把每个步骤都记录得十分详细，于是自己也索性偷懒不记了。他们不知道的是这个实验对方可能已经做过几十次，很多要点早就通过总结归纳记在脑子里了，但作为初学者，越是用心学习和总结，才可能学得越快，不至于"一看就会，一做就废"。

2. 提高做事效率

学会总结归纳可以显著提升工作和学习的效率。笔者在科研工作时经常需要一次性处理几十个，甚至上百个样品。工作量过大的时候，常常需要邀请其他人协助自己完成工作。这种情况下，我们通常会按照每人完成固定步骤的方式进行，以类似生产线工人的作业方式。毕竟对临时来帮忙的同学们来说，这不是他们的课题内容，与其让大家花费更多的精力和时间了解每一处细节，不如只负责完成其中一处实验步骤，既简单又高效。而这种工作方式也是随着实验次数越来越多，大家不断总结才发现的。

在最初学习视频剪辑的时候，笔者的操作还不够熟练，一期一分钟的视频常常需要剪辑七八个小时。就这样成功剪辑出来几条视频之后，笔者开始整理自己制作视频的标准操作流程，详细总结了从拍摄完成到导入软件之后每一个步骤的先后顺序、注意事项、参数设置等内容。后来每次剪辑视频时，笔者就对照着总结好的文字提示进行操作，剪辑的效率也越来越高，直到自己完全熟练，再也不用对照文档操作。

3. 提升深度思考能力

其实，在总结归纳的过程中，大脑也在不由自主地思考，经常进行这种形式的训练有助于大脑想得更加深入和全面。

很多课题组都有定期组会的习惯，笔者在读研读博时也一样。除了常规汇报工作之外，笔者所在的课题组有一个很好的习惯值得借鉴：如果低年级的同学在汇报实验进展的过程中提出自己的问题和困惑，导师不会立刻给出答案，而是会将问题反问高年级的、从事相似研究方向的同学。

"你怎么看？"

"你认为可能的原因是什么？"

"你觉得下一步他该从哪些方面改进？"

当然，导师不是不知道答案，而是希望借此机会训练高年级的同学深入思考，并给低年级的同学做出榜样。

笔者自己也会有这样的感受，初读研究生时，对自己的研究领域一无所知，但经过几年的科研训练之后，开始对本领域的研究内容形成自己的理解，能够对未来的发展趋势和局限性做出基本的判断。其实，这些理解与判断也都得益于日常对文献内容、实验结果等方面的总结归纳。

5.1.2 研究生该注重哪些内容的总结归纳

1. 常规性复盘

定期复盘是总结归纳最有效的方式之一，当时间积累得足够长时，人们可以在回看复盘文档的过程中发现自己惊人的成长。可以按照每月、每季度、每半年、每年的周期复盘，具体内容则可以围绕课题进展、个人成长和生活感悟等方面展开。

比如，在科研技能方面，本月参加了一次行业内的学术会议，现场见到了很多领域内的专家，聆听了他们的大会报告，了解了新的观点，学到了新的知识，相信此时内心一定有很多感触和思考，这些内容都可以在月底复盘时被整理出来。著名的"费曼学习法"认为输出是一种有效的学习方式，用文字记录的方式输出感悟又何尝不是一次深度思考呢？可以发现，那些被记录下来的经验和反思在日后类似场景出现的时候会被不自觉地调用和采纳，这就是复盘带来的益处。

2. 总结失败经验

对生活和工作中发生的一些重大事件或失败经历进行总结复盘也是获得快速成长的有效方式。曾看到一句话"人是劝不醒的，只能痛醒"，这指的就是只有撞过南墙、栽过跟头之后人才会恍然大悟。人们无法保证不遭受挫折和困境，甚至经历一些刻骨铭心的失败，但如果只是"打过交道"而没有反思和复盘，那么还是无法获得成长。

开展课题研究的过程中，遭遇失败是再正常不过的事情了，那些人们熟知的伟大科学研究没有哪项是一蹴而就的。在科研工作过程中，如果不懂得改进研究方案、优化研究思路，注定无法有效推进研究内容获得深入发展。总结失败经验的过程就是不断接近成功的过程。

3. 整理关于课题的 SOP

无论是学校还是工作单位都会规定不同事务的流程和办法，并要求所有人执行，这即是某种形式的标准操作流程——SOP。前文笔者曾提到自己在初学视频剪辑时会整理剪辑步骤的 SOP，习惯用这种方式归纳总结，并将之应用在很多方面，因为这样做确实能够显著提升工作效率。比如，笔者会将已经完成条件优化、步骤确定的实验内容整理 SOP 文档，方便自己不定期回看、使用，也方便分享给其他人。具体流程如图 5-1 所示。

图 5-1 实验 SOP 文档形成过程

5.1.3 复盘文档写作要点

归纳整理不同类型的复盘文档时的写作要点不尽相同。如果是定期整理的常规性复盘文档，建议在命名时以日期为主即可，这样方便后续根据时间线查找、回看。具体的文档内容可以根据自身情况拆分成重要的几方面，然后梳理与上一次复盘的时间节点相比所取得的进展、收获，以及制定目标的完成情况。

如果是对一些重要事项、失败经验、学术交流等内容做的专项复盘，建议在总结归纳之前先以类似日记的方式简单描述一下事件内容或过程，以便更加清楚、完整地保留记录（图 5-2）。同时，对一些令人印象深刻的事情，还应该在复盘的同时思考，是否能将这件事情上的收获和感受举一反三地应用在其他工作上。

常规性复盘	• 月度复盘/季度复盘/年度复盘：固定文档模板，根据自己认为的重点分类。
	• 根据复盘日期，建立文件夹；定期回看，否则没有意义
总结失败经验	• 先在文档中用简短的话描述一下是什么事（类似于日记），方便回看的时候想起这件事
	• 描述完毕事件后，写上个人反思和学习到的经验，以及这些经验可能用在以后的哪些工作上
整理SOP	• 计算机目录名建议：【硕士/博士】—【实验内容】—【SOP】
	• 以"实验名称+日期"命名，便于查找内容和确认完成时间

图 5-2 不同类型的复盘文档写作要点

关于课题 SOP 复盘文档的整理，在命名方面建议以"日期+实验具体名称"的方式命名，当然这也是方便后续进行查找，并能够回忆起这个实验的最佳方案是在何时确认的。课题 SOP 文档还有一个用处，就是在撰写学位论文或投稿期刊论文时，只需适当修改即可作为"材料与方法"的相关内容，减少了论文撰写时的工作量。

视频：读研期间最该培养却常被忽略的习惯是……

　　每个人的一生都不可避免地要犯很多次错误，犯错不可怕，重要的是通过错误积累经验，汲取成长的力量。

5.2　掌握拆解分析能力，90%的事都能做好

　　"为什么别人轻易就能通过英语六级考试，我却过不了？"

　　"为什么别人能发影响因子超过 10 分的 SCI 论文，我却不行？"

　　"为什么别人发布的视频有'10 万+'点赞，我却没有？"

　　如果做成一件事除了必不可少的努力和坚持之外，还有什么是必选项，笔者认为至少还应该具备一种能力——拆解分析。"拆解"就是把那些看上去难以达成的目标拆分成若干个小目标、小任务，然后从每一部分的难点、要点进行细致入微的"分析"，根据分析结果制订方案、开始行动，从而获得最终的成功。所以，那些看上去轻易通过的考试需要在不断训练的过程中彻底掌握每个题型的要点，那些影响因子超过 10 分的论文需要逐句揣摩优质期刊上的多篇论文后打磨出来，那些超过 10 万点赞的作品需要创作者在以秒为单位的拆解中优化出来。

　　在学会拆解分析，并懂得如何坚持运用这种能力之后，笔者相信大部分事情都能够做好。

5.2.1　掌握拆解分析能力，90%的事都能做好

　　要尝试做短视频，并希望做出一点成绩，那么很多人一定会在网上搜索"如何做好短视频"一类的内容。这时候，"拆解分析"这个词会以

极高的频率进入人们的视野。很多教学博主会说，想要做好短视频，就要学会从选题、标题、文案、画面等多个角度拆解分析热门视频，这个过程俗称"拉片"，就是把那些爆款视频以秒为单位拆分，然后具体分析观众在第几秒流失最多，在哪一帧画面停留的时间最长，视频的完整播放率有多少，点赞评论数量有多少等。有了这些分析结果，就可以将好的文案或画面借鉴到自己的作品里，不断打磨作品、优化内容。

借鉴这样的思路，笔者也曾输出过一期爆款视频。看到作品的点赞数量甚至在以秒为单位不断新增，笔者有些恍惚。之后带着些许不解又模仿这期视频的风格输出了一期内容，视频播放数据依然很好。拆解分析的过程或许枯燥，但是具备了这项能力就会发现，成功其实是可以复制的。

要想做好科研工作，同样需要懂得运用拆解分析的方式解决问题。举个例子，果蔬农药残留检测实验在上机测试之前需要先通过样品前处理方法将目标物提取出来，这个过程通常会包含目标物提取和样品净化等步骤。在方法开发阶段，研究者可能会面临目标物质提取效果不理想的状况，这就需要从样品类型、提取试剂的种类和用量、净化剂的选择等多个方面拆解，然后不断优化，直到获得满意的实验结果（图 5-3）。

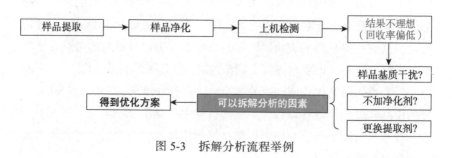

图 5-3　拆解分析流程举例

无论是运营自媒体账号还是开展科研工作，甚至是生活和工作的其他方面，拆解分析就是把想要做成的事情按照细小的颗粒度拆分，然后寻找原因、持续优化，最终达成目标。在能够熟练运用这项技能后，相信大部分事情就都能够做好了。

5.2.2　提升拆解分析能力，从这三步开始

1. 不看最终结果，只看下一步

一个人没有目标就肯定不能成功。但是如果目标过大，很长一段时间仍然无法达到，那么人就会觉得非常疲惫，丧失希望。很多人就是因为习惯盯着终点，觉得距离成功遥遥无期反而无法坚持。人生的很多时刻都像是在登山，在学会不看最终结果，只看下一步后，反而能够走得内心轻快，脚下踏实。

还记得刚读研的时候，笔者经常会在阅读文献的过程中情不自禁地想，什么时候自己也能发表一篇 SCI 论文。现在，笔者已经博士毕业快两年了，也通过努力在自己的研究领域积累了一些成果，但回看那些青涩又辛苦的奋斗时光，笔者还是会觉得珍贵又难忘。然而，那些看上去毫不费力的成绩背后并不是一蹴而就的，而是不断拆解分析之后的尝试和努力。想要提升论文撰写能力，就不能直接把目标定成一年以内发表两篇 SCI 论文，而应该先规划每周精读几篇文献，学习如何总结科研句式，怎么设计论文内容，具体开展哪些实验，从什么角度讨论实验结果等。只有在每一个当下走好每一步路，才有可能收获令自己满意的结果。

生活里，每一个目标的制定也应该如此。在把遥不可及的理想拆分成若干个可以通过努力够得着的小目标后，自然就会更容易实现它们。相信很多人都在决心减肥的目标和减肥失败的结果之间切换过无数次，而很多人失败的根本原因就是目标定得太高。想在半个月内减掉 20 斤肉，如果不是拥有极强的目标感、科学的方法和持久的耐力，几乎所有人都会失败。所以，目标的制定要合理，实现的过程也要循序渐进。

2. 待办事项具体化

只将目标拆解还远远不够，因为即使是小目标也需要通过具体的行

动才能达成。如果只是不假思索地盲目行动，那么既可能坚持不了多久，也可能因为做事的方法或顺序不对而导致效率低下。所以，在将目标拆解完毕之后，还应该学会拆解接下来的行动方案，也就是"待办事项具体化"。通过罗列具体的行动方案，可以很清楚接下来的每一步该怎么走，具体做哪些内容。

那么，具体该怎么细化要做的工作呢？在笔者看来，需要拆解完成的任务可以被简单分成两种类型：按照工作量拆分或按照工作难度拆分。

按照工作量拆解适用于那些工作总量大，但难度不大的重复性工作。比如，需要重复进行的实验、需要根据关键词大量检索的文献等，或者是近期正在阅读的希望在多少天之内读完的一本书，将其拆解成每天具体应该读多少页，安排在什么时间阅读等，这样将更容易完成它。

按照工作难度拆解适用于那些紧急且重要的，或者不熟悉的工作。比如，因课题研究需要而不得不学习的某个软件或网站的操作，刚接触时肯定会一头雾水，不知道该如何上手，那就先从简单的阅读使用手册、看教学视频入手，先熟悉再精通。

3. 找到问题核心

笔者发现很多硕士研究生（包括当年的自己）在刚接触科研工作时只知道按照导师直接给出的方案开展课题研究，但科研过程注定不可能一帆风顺，即便在相关实验的过程中遇到问题，他们还是依旧根据原来的方案不断重复，却不知道该如何通过深入思考来优化解决方案。

视频：你应该这样
制定目标

那些导致实验结果不理想的关键因素也是问题的核心，学会找到问题核心并从突破核心入手，才能真正获得科研和思维能力的显著提高。当然，任何能力的训练都需要经历时间的积累，一万小时定律不是教导人们机械重复，而是希望人们在不断拆解、尝试、改进中迭代和进步。

拆解分析的本质其实就是一分耕耘一分收获，正如《时间之书》序言中的那句话一样："你做三四月的事，在八九月自有答案。"

5.3　具备解决问题的能力才是读研究生的最终目的

无论是提升总结归纳能力还是拆解分析能力，最终目的只有一个，就是更好地解决问题。一旦掌握了解决问题的思维方式，并学会将这种思维方式运用在学习、工作和生活的各个方面，很多看似难以应对的困难就都能得到妥善解决。笔者一直认为，无论在读研读博的过程中收获了哪些知识、学会了多少实验、发表了几篇论文，如果还是不懂得独立思考和解决问题，那么所谓的学历就失去了它最重要的价值。成为一个具备解决问题的能力的人才应该是读研究生的最终目的。

5.3.1　如何成为一个"具备解决问题的能力"的人

试想一下，导师给 A 同学和 B 同学都安排了查询某个科研资料的任务，作为科研"小白"，他们对所要查询的知识都有不理解的地方，A 同学找到师兄 C，问他导师之前是否给他也安排过类似的任务，是否方便把手中已有的一些材料拿来作为参考，有没有相关网站可以更准确地查到任务中的内容……在师兄的指点下，A 同学将查到的资料整理成文档发给了导师，同时发送的还有查询过程中找到的相关参阅材料。而 B 同学在这个过程中既没有追问导师相关要求，也没有请教过师兄师姐，临近任务完成期限时，他从网上东拼西凑了一些材料，匆忙发给了导师，并说明自己之前没查过类似的资料，因此找到的内容可能不够准确。

试问导师会更欣赏 A 同学还是 B 同学呢？

这个简单的例子说明，人与人之间的差距很多时候正是体现在解决问题能力的不同上。具备解决问题的能力总会在人群中脱颖而出，或许会收获意想不到的机会。想要提升解决问题的能力，不妨从以下两个方面改变自己。

1. 刻意练习

任何能力的获得一定离不开日积月累的训练。羡慕别人能用一个下午的时间精读三四篇高质量文献，羡慕别人的实验总是看上去十分顺利，羡慕别人拿着国家奖学金却很少在周末加班……

人们看到的往往只是别人呈现的结果，却没有看到他们在拿到这样的结果之前是如何尝试和优化做事方法的，没有看到他们经历过怎样的拆解和复盘。那些枯燥的刻意练习是达成结果前一定要下的"笨功夫"。

比如，最初进入实验室跟随师兄师姐学习某个实验时，一定会有听不懂或思路跟不上的时刻，那么完全可以用手机把实验操作过程录制下来，回去反复观看、形成记忆。在记住这些步骤后，一定要亲自动手练习，这个过程中失误出错的地方其实就是没有记牢的关键点。再次将这些细节整理出来并重复练习，直到熟悉整个操作流程为止，在你能够准确无误地操作这个实验并获得理想结果之后，记得形成 SOP 文档，以便日后需要时能够更快速地想起操作要点和注意事项。

想要解决某个问题，就要形成以"目标为导向"做事的习惯，就像在学习某个实验的过程中，无论是认真观察别人做实验的过程还是自己不断动手练习，都是为了能够做到尽快地、准确无误地完成。道理虽然简单，但很多人在实际执行的过程中很难做到坚持和专注，也因此最终只能羡慕别人的成就、为自己感到焦虑。正如人们无数次为跳水冠军全红婵的"水花消失术"拍手称赞，却无法看到她在背后为此付出的日复一日的训练和上万次的起跳落水。反观大多数时刻下的我们自己，是不是只看了五分钟文献就想默默拿起手机？是不是因为看不懂工具软件的操作说明就打算放弃学习？是不是论文只写了一百字就觉得是时候休息一下了？缺乏坚定的目标和严格的执行能力注定无法看到由量变引起的质变。

2. 具备推翻重来的勇气和耐心

很多时候，解决问题的过程并不会十分顺利，有时甚至不得不推翻原有的解决方案，重新寻找原因、尝试新的解决办法。对开展科研工作来说，推翻重来是太普遍的情况了，这个过程也在同时考验着人们的勇气和耐心。

相信很多人对罗永浩的故事并不陌生，能够在欠款六亿元的情况下重整旗鼓，一定需要极大的勇气和顽强的斗志。很多人建议罗永浩破产清算，这样就能合理合法地赖掉公司债务，不过罗永浩没有这样做。他说，破产清算虽然对自己有利，但会让债权方及投资者彻底失望，他不想这样做。他抓住了直播带货的时代红利，重新大获成功。在一档脱口秀节目中，罗永浩直言，曾经欠下的六亿元债务已经还清了将近四亿，并有信心在接下来一年的时间里还清剩余欠款。

无论面临生活中怎样难以预料的考验，具备推翻重来的勇气和耐心才有资格迎来新的转机。

5.3.2　解决问题能力强的人有哪些特质

1. 理解能力强

顺利解决问题的前提是准确理解问题。可以发现，那些擅长解决问题的人首先能比其他人更快、更准确地理解问题发生的根本原因，并以此为关键制定下一步的解决方案。很多刚入门的科研"小白"欠缺的往往就是这种理解能力，所以，在别人讲述实验怎么做或者软件怎么用时，他们只能机械地记住步骤，对背后的原理和算法一无所知，这必然会导致后续出错时找不到解决问题的突破口。

想要提升理解能力，不妨从两个方面入手。首先，在别人教的过程中多问为什么。有的老师或师兄师姐在讲解问题时会顺便告知相关原理和知识背景，但有些情况下，他们或许不会想到提及这些。学习者应该时刻保持好奇心，在别人方便时多提问、多思考，这样后续遇到实际问题时自然能够理解得更深刻。其次，学会主动查阅相关知识，丰富自己的知识储备。比如，师兄讲解了如何使用软件进行多元变量统计分析，那么过后就应该主动查找资料了解什么是多元变量统计分析？它的基本原理是什么？只有先理解问题才能更准确地定义问题、解决问题。

2. 善于归纳拆解

解决问题的过程中遇到瓶颈是很正常的，这种情况下，擅长解决问题的人会积极调整心态，进一步通过总结归纳和拆解分析寻找新的突破口。

越是复杂的问题往往需要越长的周期、越全面的总结、越细致的拆解才能一步一步获得最终的解决办法。在这个过程中，可以优先考虑用"结构化思维"将可能导致问题的原因归纳为 A 与非 A，其中，A 是可能导致结果不理想的原因中优先级最高的。然后，围绕 A 进一步提出解决办法。如果通过解决 A，问题最终得到了解决，那么则验证了判断；如果 A 的解决对问题并没有帮助，那么再进一步对非 A 原因进行优先级的排序，逐渐缩小解决范围，直到获得问题的最终解决办法。同样地，在问题迎刃而解之后，要总结归纳并思考该问题的解决办法对日后解决其他问题是否有借鉴和参考价值，慢慢形成举一反三的习惯。

3. 目标清晰，执行力强

想要真正做成某件事、解决某个问题一定离不开清晰的目标和严格的执行力，纸上谈兵永远也无法达成解决问题的真正目的。

其实，研究生阶段能够带给一个人最大的收获不是解决了多难的科学问题，而是在与科研打交道的过程中对自我思考方式、意志力和行动力的改变。只有比别人具有更清晰的目标和更踏实的行动力才会发现，即便在日后的科研工作中接触新的课题项目，也能拥有解决问题的底气。

视频：研究生期间学会这一件事就很好了

笔者在读研之初遇到问题时经常很容易心态崩溃、丧失斗志，后来在不得不面对问题、解决问题的过程中反而能够做到坦然接受困难，乐观应对。也正是在一次又一次迎接挑战的过程中，笔者发现生活的本质就是遇到问题和解决问题，真正带给自己收获的正是不断突破的过程中获得的进步。

　　曾在一个视频中看到作者说过这样一句话，"稳重和成熟这种气质一定是很多糟心事带来的。"每个人的成长都离不开从遇到问题到解决问题的过程，希望所有人都能熬过那些刻骨铭心的苦，用目标和行动收获属于自己的甜。

第6章

良好心态养成

6.1　如何应对科研压力

歌手李玟因抑郁症自杀的消息传出来时，很多人一时间都难以接受。除了无法接受她真的离开了的事实，大家更想不通的是，看上去活力四射、开朗热情的她为什么会患抑郁症。紧随其后的热搜榜单上出现了一个词，叫"阳光型抑郁症"，指那些具有假装合群、经常失眠、逃离心态严重、没有目标感等症状的抑郁症人群。

无论是明星还是普通人，每个人在生活中都会承受不同的压力和委屈，需要做的是勇敢地面对它、接受它，然后想方设法化解它。真正熬过那些无比艰难的日子之后，一定能够收获一个更好的自己。对科研人来说，特别是尚未走出校园的研究生而言，学会应对科研压力、培养良好心态也是从事科研工作必须要上的一课。

6.1.1　良好心态有多重要

有这样一幅漫画，地上放着一瓶洒了一半的牛奶，旁边站着两个人。其中一个说道："真是糟糕，全完了。"另外一个却说，"幸好还剩一些。"

这个简单的漫画其实就是在告诉人们，悲观的人和乐观的人在看待同一件事时持有的截然相反的两种心态。对生活中出现的磨难或困境，乐观的人更容易从积极的角度出发，精神饱满地接受现实、迎接挑战；而消极的人则常常失去信心、萎靡不振。

尽管每个人的性格不同，看待事物的角度也会有偏差，但还是应该学会用积极的心态面对生活里发生的一切。可以发现，当自己轻松了，释然了，解决问题的过程反而会相对容易。而且，如果长期处于压抑状态，身体也会出现一些不良反应，甚至引发健康问题。

另外，习惯消极地面对困难的人也会更容易产生抱怨、委屈的内耗情绪，但这些不良情绪的产生对解决问题并没有实质性的帮助。人应该给情绪发泄留一个出口，但不应永远停留在发泄情绪的阶段，应该在调整状态后思考解决方案并采取行动，缩短自己被情绪和问题本身困住的时间。

学会培养良好心态很重要，因为心态不仅仅是陪伴读研读博这几年，而是跟随人的一生。在介绍研究生该如何应对科研压力之前，可以先来看看当代研究生们的主要压力来源有哪些。

6.1.2　研究生的压力主要来自哪些方面

1. 课题进展不顺利

很多同学在接触科研工作之初会因为尚未掌握开展课题研究的基本技能和基础知识而导致不会做研究，或者获得的研究结果很差，甚至得不到结果。这时候，如果不能恰当地开导自己，就会致使心理压力剧增，甚至产生厌学、退学的念头。

还有一些同学所在的课题组因为科研条件有限，或导师课题经费有限，导致想要开展的某项研究得不到基本的条件保障，从而导致自己的课题进展缓慢。

无论是主观原因还是客观条件导致的课题进展不顺利都不应该成为压垮精神的稻草，毕竟学业也好、工作也罢，这只是生活的一部分，不是全部。如果在二十几岁的年纪还是只能接受顺境，那么这样的人多半在走出校园后也无法承受生活在更多方面带来的打击。

遗憾的是，还是会有一些研究生同学在经历课题进展不顺利时选择用极端的方式逃避。2020 年 10 月 13 日凌晨 2 点，一名自称是大连理工大学研三学生的网友"红烧土豆叶"在微博发布了一篇遗书，他在文中写道："是我不对，我太笨了，不懂得自己思考……过去一年做的一切推翻重来。"

这位同学在过去的一年里实验结果不稳定，课题研究长期受挫，即使在导师的建议下总结了其他人的经验，得到的还是"无意义"的数据。他担心自己即将"打破传统"，成为课题组第一个无法按时毕业的研究生，所以选择用结束生命的方式从这里消失。校方后续发布的通报证实了该同学在实验室身亡的消息，令人惋惜。

其实，任何人在做任何类型的工作时都要经历从不会到会的过程，没有人天生就能胜任某项工作。每个人都无法完全理解别人的遭遇，能够带领人们走出困境的，终究只有他们自己。

2. 个人生活不顺利

在科研工作压力无法得到舒缓的同时，如果还要承受个人生活里的压力，那么对很多同学来说这就会是更具挑战的一件事。

大家在读研、读博时通常已是二十几岁到三十几岁的年纪，有的同学会结合自身情况选择在读书期间成立家庭、养育子女。来自感情生活和家庭生活的琐碎也常常会给一些同学带来压力。如何在时间和精力上兼顾学业与家庭？如何应对读书期间收入低的现实问题？如何解决异地恋的烦恼……这些来自个人生活方面的困扰如果得不到妥善解决，就会增加烦恼，带来压力。

还有一些同学日常在与导师、同门和同学相处的过程中会遇到一些人际关系方面的问题，但因为性格内向或不擅长沟通表达，导致人际关系紧张，不知道该如何处理。

另外，有的同学好胜心极强，看到别人发表论文自己就会很焦虑，看到别人拿奖学金就会心理不平衡，"卷不赢"状况下产生的嫉妒心容易让他们徒增心理压力。

3. 原生家庭带来的压力

据了解，现在国内大部分学校都会以学业奖学金的形式将研究生学费返还，而且除了国家每月给研究生发放的固定补助之外，大部分导师每月也会给学生发放一定金额的劳务费。这些费用对大部分研究生而言，是能够覆盖基本生活开支的。然而，还是会有一些同学不得不面临来自原生家庭的经济负担，需要在读研、读博期间帮助家里分担经济压力，这对他们来说也是产生心理压力的来源之一。

每个人背后的原生家庭情况都不尽相同，父母关系不和、原生家庭关系复杂、至亲突发重病而找不到有效解决办法等现实问题的出现都可能让一些研究生同学产生无力感，陷入负面情绪。

6.1.3　研究生该如何调整心态

1. 找个信赖的人倾诉烦恼

当人们无法说服自己从困境中走出时，能够帮助他们有效排解压力的方式之一就是找个值得信赖的人倾诉烦恼。可以选择亲人、同学或朋友作为自己的倾诉对象，甚至可以向自己的导师倾诉。

很多同学对导师有天生的恐惧和排斥心理。但是作为年长自己很多的前辈，无论是科研工作还是生活阅历，导师都有着丰富的经验，如果真诚地向导师求助，相信大部分导师还是会愿意尽可能地提供帮助，为学生提供中肯的建议。

其实，和别人真正用心地交流也是拉近人与人之间距离、加深彼此理解的有效方式。要学会给不良情绪选择出口，而不是无法独自承受时依然选择缄口不言。

2. 培养爱好分散精力

在做自己喜欢和热爱的事情时，人们更容易产生"心流"状态，感觉时间会过得更快。所以，建议培养自己的兴趣爱好，压力大时，做些喜欢的事情，即使正在遭遇的难题不能被立刻解决也会让整个人的状态和感受大不一样，更容易开心起来。笔者在读研时，班里有几个男生每周都会固定时间相约打球，对篮球的热爱让他们可以暂时放下手里的工作，也放下烦恼，尽情享受篮球带来的快乐，酣畅淋漓过后再重新回到实验室做实验。

每个人都应该有一些爱好，用来迎接那个疲惫的、不快乐的自己。笔者在工作压力大时喜欢唱歌和看书，无论是用手机软件唱唱歌，还是不被打扰地看看喜欢的书，对笔者来说都是非常有效的放松方式。读者也可以尝试发现自己的兴趣点，哪怕只是看部电影、逛逛街，如果能让自己从巨大的压力中短暂抽离出来，那就是值得做的。

3. 适当降低自我要求

当"内卷"这个词席卷所有领域后，人们开始越来越多地讨论竞争压力和自我要求之间的关系，甚至有人会用"自己卷自己"的调侃来形容丝毫不敢懈怠的自己。

其实，对自我有要求是应该的，它可以帮助人们养成自律的习惯，不断进步和提升。然而，凡事都应该有"度"，过犹不及。对自己要求过高时，人们可能会感受到超过承受能力的压力，反而也会导致效率低下，紧绷的神经也可能让人陷入敏感的人际关系。

学会适当降低自我要求，允许自己在张弛有度的生活里慢慢进步才是明智的，也会是持久的。无论什么工作都不可能一蹴而就，人更应该思考如何合理规划时间和精力，允许自己在成长的过程中犯错，学会适当奖励自己，这样才能在本就辛苦的道路上走得相对轻松。

要知道，不只是在读书阶段，每个人在不同的阶段都会遭遇不同的压力和烦恼，学会用良好的心态面对它们、接受它们出现的必然性，然后努力应对和解决，没有什么困难是过不去的，一切只是时间的问题。

6.2　如何看待课题之外的任务安排

对当代研究生来说，一个普遍存在的现状是除了完成自己课题对应的研究内容之外，还需要经常协助导师完成其他任务，如导师其他课题中的相关实验、课题组内的财务报销、试剂耗材采购，以及其他临时性的工作。

　　对有些同学来说，课题之外的任务安排也能被妥善地完成好，获得导师的认可；对另外一些同学来说，额外的工作任务让他们在主观上产生抗拒心理，或是由于能力不足无法顺利完成，从而导致心理压力倍增。本节将根据笔者对这类任务的理解提供经验参考，希望能够帮助到对此有困惑、心理感受不平衡的同学。

6.2.1　额外任务会带来哪些挑战

1. 时间和精力消耗巨大

　　不得不说，有些额外的工作任务确实需要占用大量的时间和精力，想在原本完成一件工作的时间里完成两件，考验着人们的时间管理能力。

　　通常来说，导师安排的课题之外的任务分为两种。一种是长期的，如开发某个实验方法、完成某个课题的一部分研究内容、协助参与某项专利、标准的研制等。对这种类型的工作任务，建议将其与自己课题的研究内容穿插安排，毕竟在执行的不同阶段可能会遇到各种各样的问题，而这些问题或许也要持续很长一段时间才能顺利解决。可以根据课题组组会的周期安排相应的工作内容，保证自己的课题和额外的科研任务在汇报时都有进展可讲。有的同学在答应导师的工作安排后将其置身事外，从不推进工作进展。这样做不但可能引起导师不满，还有可能耽误相关进程，给导师带来麻烦。

　　在长期性的任务安排中，还有一种非科研类的工作，就是负责课题组内的财务报销、试剂耗材订购等日常杂务。这类任务通常会被交给办事细心、沟通能力强、有责任心的同学来完成。与第一种类型的工作任务相比，在熟悉了流程之后，这类任务操作难度相对较小，完成时间可控，甚至可以利用碎片化的时间进行，不过通常需要持续到毕业。

　　课题之外的任务安排还有一种类型，即短期内需要完成的紧急任务，如协助导师撰写材料、制作 PPT 等。这类临时性的工作通常要求人们暂时放下手中其他紧迫程度不高的工作内容，配合它的完成。这也是最容易引起研究生心理排斥、产生心理压力的一类工作。

2. 任务难度大，能力不足

很多同学之所以从心里排斥导师安排的其他任务，除了因为时间会被占用之外，更是因为在他们看来这些任务难度大，毫无经验的科研"小白"具备的能力不足以完成。如果出于这种心态，不妨这样去思考：若不通过具体的工作任务获得训练，工作能力或许永远也无法获得提升。正如前文在介绍深度思考能力对应的方法中提到过，可以通过查找资料、请教他人尝试独立解决问题。至少，可以提出两种解决方案，然后向导师请教。

"老师，这个任务我不确定具体该如何处理，不过我查找了相关资料，认为可以像 A 方案这样做，或是像 B 方案这样做。想问一下您，觉得哪种方式更好呢？或者有没有其他的建议呢？"

研究生需要记住，在向导师请教汇报的过程中，应该请对方做选择题，而不是将问题重新丢回去。这样一来，导师既能够看到学生确实为了解决问题付出了努力，进行了思考，如果方法不对，他也会为学生提供新的思路或直接告知解决方案。

在心态方面，如果经过判断与衡量之后，仍然认为额外的工作任务是通过自己加班、熬夜就能完成的，那么笔者建议大家减少抱怨，努力完成。如果工作难度和工作量确实超出了自己能独自承担的范畴，建议诚恳地提出来，是否能请导师安排其他同学一起协助完成（图 6-1）。

- 安排的任务，之前没有接触过，毫无头绪，不知道如何开展……

> **如何解决**：自己先查方法和资料，进行整理后，把还没有解决的问题罗列出来，请教导师，并汇报确认已查阅的部分，按照自己认定的方法执行，是否可行

- 安排的任务，知道如何开展，但是导师要求的完成期限太短……

> **如何解决**：客观思考在期限内是否能够加班完成；如果确实存在困难，与导师商定解决方案，要么增加帮手，要么延长时间

图 6-1 额外任务及应对方案举例

3. 成果体现时可能没有"我"

有的同学之所以在为导师承担其他科研任务的过程中感到心理不平衡，是因为在成果体现时看不到自己的名字，如论文、专利、专著等。

正如网络上流传的一句话：年轻人，格局要打开。格局打开之后，就会发现，即使成果中没有自己的体现，它们同样可以被写进自己的简历，毕竟在这个过程中，自己收获了能力的成长。

比如，在简历中写到自己参与过某个科研项目，能够熟练运用某种大型仪器设备，去参加求职面试时，面试官很可能就此感兴趣并提出相关细节问题。由于这项工作确实是亲自参与的，能够熟练地说出自己在该项目中承担的具体内容，展示自己真正掌握的技术和能力，那么当别人看到真正具备的能力时，或许就能够提供一次来之不易的工作机会。

学会以更长远的眼光和更平和的心态看待事物，聚焦自身的成长，往往会收获更多。

6.2.2　如何看待课题之外的任务安排

1. 当成提升时间管理能力的有效锻炼

想要同时兼顾好自己的课题研究内容和导师安排的其他工作任务，一定要优先提升自己的时间管理能力。

重视并培养自己的时间管理能力也会让人在工作之后不得不面对更多的任务安排时游刃有余。工作之后可以发现，除了做好自己的本职工作之外，同样也需要配合完成其他工作任务。比如，临时参加会议或集体活动都会打乱原本的工作计划，也可能在领导的要求下完成临时性的工作安排，如材料撰写、资料整理等。

此外，有的同学很快会面临家庭、学业和工作不得不同时兼顾的情形，优化时间管理是必须要具备的一种能力。不妨将现阶段遇到的挑战当成是时间管理能力的提前训练，在训练中摸索适合自己的方法和技巧。

2. 被动学习了新技能

与其不情愿地被动接受工作任务，不如将其当成是一次学习新技能的机会。用积极的心态看待挑战，完成过程中的体验和效率也会有所不同。

举个简单的例子，如果从读研究生起就负责课题组的日常报销工作，那么一定会比其他同学更早地了解报销流程、各种类型的票据等基本财务知识。等到工作之后，如果再次参与财务报销工作，也会比其他人更容易理解操作要点，减少出错的可能性。

建议每次在执行完额外的工作任务后尽量抽出一些时间回顾复盘。想想自己通过这次的任务获得了哪些硬技能或是软实力的提升，有哪些地方做得还不够好，如果下次遇到类似的问题是否能给出更好的解决方案等。

有时候，导师安排的任务可能只是一些临时性的小事。比如，帮忙给某位外校专家送份材料。即便这样也可以在完成任务后回顾一下自己是否准确传达了意思，交谈过程中是否表现得足够礼貌等。

不要小看细节，也不要漠视点滴进步，所有的付出即使不以客观的形式获得回报，最终也会造就更优秀的人材。

3. 利于获得额外机会

每个人能够获得机会注定是不均等的，这种不均等性与人在工作和学习生活中的为人处事习惯密不可分。

想要体现自己的能力和价值，首先需要端正心态、看淡得失，才有可能获得额外的机会。正如前文介绍的一样，如果某人在每次协助完成额外任务的过程中都展现出不情愿、不配合的状态，导师又怎么可能将其他重要的内容交付给他完成呢。

人们经常会在学术会议中看到某位专家由于行程冲突未能到场，请其博士或硕士研究生代做报告的情况。对这些研究生来说，这无疑是一次十分珍贵的展示机会，但机会之所以属于他们，一定是由于他们既具备能力，又在日常与导师相处的过程中让导师看到了他们端正做事的态度。

"能者多劳"如今会被很多年轻人当成是 PUA 的典型表现,但请相信,没有白吃的苦,所有的付出即使不被看见也会内化成自己的力量,使人走得更远。

6.3 走在自己的时区里

十岁上大学,十六岁读博士的神童张炘炀再次出现在大众视野里是在接受一次采访时。他在采访视频中说道,"遗憾没做出一篇真正的论文,没有固定工资,卡里就剩几千块钱。我对现状挺满意的,无业一身轻,不用看别人的脸色。"

评论区里的网民对此褒贬不一。有人说,如果当初不是他父母的拔苗助长,或许他能成长为更优秀、也更全面的人。

很多人认为在关乎命运的重要时刻,张炘炀的父母代替他做出决定——跳级、高考、继续求学……他们在张炘炀人生的时钟里拨快指针,以为这样做就能让令他们骄傲的儿子永远一马当先。未曾想,儿子在后来的日子里过得并不顺利,或许也并不快乐。

"他独立学习的能力很强,独立生活的能力很差。"这是张炘炀大学老师给他的评价。如果时间能重新退回到 2005 年,不知道张炘炀的父母是否还会选择为十岁的他填上"天津工程师范学院"的高考志愿。

读张炘炀的故事,就像看了一段二倍速的人生短片。但奔跑在人生这条路上有标准配速作参考吗?笔者认为没有。每个人都在属于自己的特定时区里行走,不快也不慢。

6.3.1 没有领先,也没有落后

2022 年,笔者的高中母校举办七十周年校庆,班长在微信群里发来一张表格,说学校想要统计校友信息。沉寂已久的班级群难得再次活跃起来,多年未见的同学们开始在群里聊起高中生活的点点滴滴。后来统计的职业信息里,有的同学如今已成为主任、项目经理、工程师、主治

医师，还有一位如今已是某"985"高校的副教授了。然而，回想高中时期的这位同学，所有人对她的共同印象是，成绩中等但十分努力。还记得每逢一周一次的答疑课，她总是会拿着折好页码的练习册去向老师请教。其实，对题目不懂的同学不止她一个，但有勇气每节答疑课都去讲台旁请教的人并不多。如果没有其他同学去请教老师问题，她甚至会一直问够四十五分钟，直到下课铃响老师不得不离开。

她或许不是非常聪明的那类学生，因为尽管非常刻苦，但她的高考成绩依旧在班级排名中等。笔者不了解她后来的学习和工作经历，但笔者相信，能够在起点不高的情况下入职"985"高校，一定离不开她的持续努力。

当人目标清晰，肯为实现目标付出不懈的努力并积极探索方法，那么属于他的机遇就一定会到来，一切只是时间问题。不必在与他人的比较中感到庆幸或失落，人生里没有领先，也没有落后。

6.3.2 想清楚，再出发

在提升科研效率方面，笔者鼓励研究生们多思考有哪些实验可以同时开展，但不建议在自己都没想清楚关键问题之前只是为了追赶进度就盲目开始实验。这样做很有可能造成的后果是后续内容做不下去，一切需要重新开始，就像底层不稳的积木终究会迎来整体倒塌的一刻。

生活也是如此。电信诈骗的主要目标群体就是那些急于求成的人——想短时间内找到心仪的工作，想迅速赚钱，想不劳而获。当人的内心十分渴望快速获得成功，行动和思维却没跟上的时候，能够看到的对自己有利的场景大多是假象。

人生不是田径比赛，发令枪一响就要比谁跑得快。先想清楚再出发是为了让自己尽可能少走弯路。即便真的走错路也不要气馁，毕竟没有谁的一生是不犯错的，能让自己在走错的路途中有所感悟和成长，那么这也是一种收获。

每个人的一生都不可避免地要做无数次选择，难点就在于，很多时候自己也不确定怎样做出选择才是合适的。这种情况下，应该主动向有对应经验的人请教，听听不同人给出的建议，再综合自己的想法做出决定。

当年，得知硕士阶段的课题研究对象是细胞时笔者压力很大，因为自己即将是课题组内养细胞的第一人。笔者尽可能通过其他研究所或其他学校的同学咨询请教，一边听他们的叙述，一边在脑海中模拟抽象的画面——毕竟自己从未在显微镜下看过细胞是什么样子——得到的答案和建议也是五花八门。有人对笔者说，养细胞很简单，只要每天观察一下生长状态、按时更换培养基、固定周期传代，不会出什么问题的。也有人说，细胞实验很难，不要碰，做不出实验结果很可能无法顺利毕业。这让笔者不由得想起小时候听过无数次的"小马过河"的故事——水深水浅看来只能自己试试了。经过更加细致的咨询了解后，笔者小心翼翼地开始了。

现在笔者已经可以对细胞实验过程中出现的问题做出自己的判断，但依然十分感激在最艰难的起步阶段曾给予笔者建议的人。正是他们的帮助，笔者才能了解更多情况、掌握更多细节信息，为以后打好基础。

6.3.3　或许，别人也在羡慕

"与他人比较"这件事是否真的有意义，每个人有不同的看法。

"他英语六级分数比我高，他家庭条件比我好，她长得比我漂亮……"

如果能把田忌赛马的方法应用在自己的生活里，这世界上快乐的人是不是能多一些？

总有人喜欢拿自己的短板和别人的长处相比，却忽略了每个人并不是由单一要素组成的。

人们只看到别人优异的英语成绩，却没看到他们为凑不齐学费而苦恼的时刻；嫉妒别人出生在衣食无忧的家庭中，却不了解他们很少得到过父母的陪伴和关爱；羡慕别人的美貌，却不知道她们正是因为长得漂亮曾被很多同学孤立……

那些自认为的普通，或许正是别人想要拥有的。不要妄自菲薄，羡慕的别人或许正在羡慕着其他人。

每个人都是独一无二的,这份独一无二首先值得被自己重视和认可。

别再把精力浪费在那些无意义的比较上了,那会让自己陷入精神内耗。走在自己的时区里,用脚踏实地的努力成就更好的自己,不是更美好的一件事吗?

正如网上流传很广的一段话所说:有的人 21 岁毕业,27 岁才找到工作;有的人 25 岁才毕业,但马上就找到了工作。宝贵的人生不应该用来寻找参照物,而应该用来活好自己。在自己的时区里,做好主角,一切由自己做主。

6.4 允许一切发生

写这本书的过程中,笔者读到一本书,书名就叫《允许一切发生》,里面有些句子笔者认为写得很好,想分享给大家。比如,作者说,"松弛感无非就是为自己做决断,生活在热爱里,爱自己并允许自己停下脚步,最终活成自己喜欢的样子。"

而现在的人们似乎很难活出松弛感,包括正在读书的研究生们。笔者自己在读研的最初阶段也有过压抑和不快乐的时光,课题搞不懂,手里的任务总是无穷无尽,解决完一个问题,很快又会出现新问题,周而复始,很难真正放松下来。后来,当遇到的问题越来越多,这些问题又被一个一个地成功解决掉之后,笔者突然发现,任何事情都会有解决办法,努力寻找答案不等于无底线地逼迫自己。笔者也开始意识到,所谓的松弛感其实就是应对不确定性的能力,允许一切发生才是内心强大的开始。

6.4.1 允许失败发生

无论是当下正在开展的某个实验,还是参加的某一场面试,工作和生活中遭遇失败都是太正常不过的一件事了,一定要放平心态去看待。而且,要知道,不是只有自己会失败,即使是那些如今看起来非常成功的人,他们的人生也经历过无数次失败,如俞敏洪、任正非。失败本身并不可怕，可怕的是很多人会因为一次失败就丧失了重新再来的勇气。科研工作也是如此，在探索的过程中没有进展和收获是很普遍的情况，那说明实验方法可能不对，某个实验条件需要优化，即使那些看上去令人十分满意的实验结果也往往需要多次验证才能得出结论。

读大二时，看到身边很多同学开始为以后做打算而陆续考取各种证书，笔者自以为英语成绩还不错，就报名参加了剑桥商务英语（BEC）中级考试培训班，觉得考下这张证书仿佛就能拥有迈进外企大门的入场券，万一有机会出国，听说这个成绩还能与托福成绩折算。笔者自信满满地去参加课程学习，考试时也自认为发挥得不错，但在那个还需要用电话查询考试成绩的年代，笔者却收到了"没通过"的查询结果。笔者不甘心的，又重新报名了一次中级考试，结果还是没有通过。虽然很失落，但是笔者想到一个学期的周末全都搭在了这件事上，如果就此放弃，心里还是很不甘心。难过了一个下午之后，笔者做出了一个决定，那就是直接报名 BEC 高级考试！现在回想起来，笔者真不知道当时哪来的勇气，就像一个成绩差强人意的中等生偏要要求自己跳级，还必须顺利通过高年级的期末考试一样。

笔者依然全力以赴地复习着，对照着中级班的笔记，不放过每一个复习细节和要点，没想到的是，高级考试竟然真的顺利通过了！接到考试结果电话的时候，笔者很开心，也很激动，知道这样的结果跟自己每天辛苦的复习是离不开的，但也很感谢自己在连续失败两次后还能选择破釜沉舟再试一次。

每个人一生都注定会在很多事情上走弯路，失败是不可避免的，也不需要畏惧和逃避，只有真正经历和体验过，才能在失败的过程中获得更加深刻的进步和成长，迎来转机。

6.4.2　允许不被所有人喜欢

曾经有个粉丝朋友给笔者发私信，她说自己性格内向，不太会主动社交，尽管很努力地想要融入集体，但无论是在课题组还是宿舍大家都经常孤立她，让她不知道该怎么办才好。

其实，无论怎样的人都不可能被所有人喜欢。坦率接受这一点就会让自己变得不那么在意别人的看法。如果将全部精力都放在"别人怎么看我"这件事上，那人往往就不会再有足够的精力去学习、去成长、去成为更好的自己。

当然，不过分在意别人如何看待自己并不等同于认为自己毫无缺点、不需要反思和改进，而是说，当用心做好属于自己范畴以内的事情后，其他结果顺其自然就好。比如，作为学生会的一员，一个学期以来的每次活动都积极协助他人，甚至熬夜撰写活动方案、准备活动材料，但是推优投票时却一票都得不到，此时内心可能会失落，但没必要因此而否定自己，因为通过这些活动，自己的组织能力得到了很多锻炼，这是属于自我的付出和成长，是值得开心的事情。

每个人的性格不同、经历不同、三观不同，欣赏的人自然也会不同。有些人与性格内向的人相处不来，觉得他们太沉闷，但另外一些人就会喜欢和安静沉稳的人交朋友，这让他们感到心安。此外，性格只是决定自己能否得到别人欣赏的一个方面，并不是全部因素。人与人的相处能否长远还是需要通过切实发生的事情互相检验的，只要在朋友遇到困难时竭力帮助、待人真诚用心，相信也会遇到同样珍视自己的人。

允许自己不被所有人喜欢，但要学会爱自己。

6.4.3　允许不同观点

每个人身边或多或少都会有这样的人：他们固执己见，爱钻牛角尖，总是与跟自己持有不同观点的人针锋相对，认为自己才是最正确的。

拥有这样性格的人或许在工作中更擅于钻研、更有韧性，但他们也更容易陷入狭窄的思维困境里，听不进别人的建议，从而错失更好的解决问题的办法。

曾听说过一句很有道理的话："这个世界上就是有很多和我们三观不一致的人，我们要正视他们的存在，承认并接受这一事实，这样我们的眼界才能越来越宽。"

探讨科研工作也是如此。可以坚持自己的观点，但也要允许其他人持有他们认同的观点。和别人就某一个科学问题展开讨论时，要学会用合适的语气和词汇表达，没必要过于偏激，要避免发生矛盾，更要防止因为观点不同不欢而散。

对刚刚踏入科研大门的小白来说，要抱有谦虚的心态，懂得倾听学习、接受别人的建议往往才能走得更长远。应该时刻记着"我们是来学手艺的"。很多时候，经验丰富的人大概率是正确的。如果不能用恰当的方式表达观点，对方或许也会失去耐心，或者索性什么都不说，任由我们带着错误的观点或习惯继续做事。对小白们来说，这就失去了一次学习的机会，或许当自己幡然醒悟时，已经浪费了很多时间。

6.4.4　允许情绪存在

人们每天的情绪都可能会因为当天遇到的一些人、发生的一些事而有所波动，这是很正常的。比如，收到录取通知书的那天一定很开心，被人误解时可能很愤怒，重复了无数次的实验还是做不出结果时可能很难过……这些情绪也是组成人们日常生活的重要一部分，想要排解不良情绪，首先需要允许情绪存在。然而，很多人会刻意压制自己的情绪，特别是那些不良情绪，长此以往就很容易产生抑郁倾向，甚至患上抑郁症、焦虑症等疾病。

如果已经感觉生活因为某种情绪受到了影响，那么不妨从当下的环境中短暂地离开，可以找个没人的地方安静地思考一会儿，也可以找个信赖的人倾诉烦恼。给不良情绪寻找出口而排解它，才能尽可能减少它们本身对自我产生的影响。笔者本科就读于大连工业大学，还记得当年读书时，经常会在周末与几个好朋友一起去海边，大家吹着海风说自己遇到的那些开心或不开心的事情，看着眼前广阔的海面，烦恼随即被一扫而空。

从不良情绪的漩涡中抽离出来后，其实可以多想想为什么这件事会给自己带来这么大的情绪波动？它真的值得吗？以后再遇到类似的事情有必要生气/难过/委屈吗？自己能从这件事学到些什么？在习惯以"总结复盘"的形式梳理自己的情绪后，人就不会再轻易地被情绪支配，从而会更加理性和成熟。

中国政法大学刑事司法学院教授罗翔曾说:"人生中大部分的事情是你决定不了的,但是你自己一定要尽力而为"。笔者也认为,人生 95%的事是自己决定不了的,但依然要用 5%的努力去撬动那 95%无法决定的事情。凡事尽力而为,同时要接受命运的一切安排,因为个体太过渺小。人这一生最重要的就是要认识到自己的禀赋,并朝着自己的目标努力前行。愿每个人都能在"允许一切发生"的坦然中懂得自信、自洽、自省、自爱,遵从内心地活着,成

视频:研究生学霸都具备的影响一生的三个习惯

为越来越好的自己。

第7章

人际交往能力

7.1 研究生如何与导师愉快相处

毋庸置疑，在每个研究生的求学过程中，导师都起着至关重要的作用，一段愉快的师生相处经历也会是学生时代的难忘回忆。然而，很多同学因为性格原因或不懂得沟通、表达的技巧，在与导师相处的过程中会感到紧张、有压力，甚至会刻意避开与导师的正面交流（图7-1）。

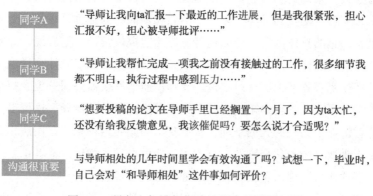

图 7-1　研究生与导师相处过程中的常见问题

有些人或许会说，师生之间相处不愉快并不是学生单方面的原因，很多导师也存在问题。确实，有的导师由于工作繁多无暇顾及对研究生进行细致入微的指导，或因为在与学生沟通的过程中不注意方式方法而导致学生产生惧怕心理，使师生关系变得紧张。

学生可以抱怨导师不好相处，但也要看到，总有同学能与导师相处融洽、收获满满，他们更懂得如何在改变不了外界条件的情况下让自己适应得更好。

要知道，对学生而言，师生关系体现的其实是一种向上管理的能力。能够在读书期间与导师相处愉快的，也很有可能在工作之后能与领导和谐相处。希望每个人都能在走出校园前掌握这种向上管理的能力，保留珍贵的师生情谊。如何与导师愉快相处呢，下文将分享笔者的3点建议。

7.1.1　主动汇报

在大部分课题组，导师名下都不可能只有一名学生，换句话说，由于学生众多，在精力有限的情况下，导师不可能只关注某一个人。想要让导师更加准确、全面地了解自己及自己在课题开展过程中遇到的困难，就要养成主动汇报的习惯。

笔者在读研之初确定下课题研究方向为脂质组学时曾一度感觉心理压力很大，未知的领域让自己不知道该从何入手开展自己的研究内容。于是，笔者主动找到导师，表达了困惑和烦恼，导师也是在那一刻才知道笔者遇到的具体问题。他问笔者怎样才能提供帮助，笔者说，如果能有个人给自己详细讲解一些基础知识和仪器操作就好了。导师说他了解了，就让笔者先回去了。第二天，导师就邀请了仪器公司一位专门从事脂质组学研究的工程师来到实验室给笔者进行了单独指导。这位工程师给笔者进行了为期两天的培训，从最基本的脂质结构到如何用液相色谱串联质谱建立脂质化合物的分析方法，他讲得都很细致，笔者也茅塞顿开，感觉比自己埋头苦读十篇文献的效果还要显著。

笔者很感激那位工程师，某种程度上，是他带领笔者入门这个领域的，直到现在笔者也还和他保持着联系。笔者也很感激自己的导师，如果不是导师给笔者提供学习的机会，笔者可能还要靠自己摸索更长的时间才能有所收获。所以，如果不主动汇报，别人甚至不知道笔者需要帮助。

当然，不只是向导师求助，日常进行课题研究或者完成导师布置的任务时也要养成主动汇报的习惯。比如，知道导师想要尽快了解自己正在开展的某个实验的完成情况，那么就应在处理完实验数据的第一时间发给导师过目，不要等到导师再次想起来问时再给予回复。

还有一些同学在与导师对接工作时，只是将相关文档通过手机或电脑发送过去，没有附带任何文字描述。暂且不说文档名称和其中包含的内容是否标注得足够清楚，至少自己应该随文档补充几句关于发送内容的介绍，只甩给对方一个文件却没有任何说明，无论是对老师、长辈还是同学、同事来说，都是让人觉得没有礼貌的行为。

其实，在读研、读博的过程中养成的习惯也会在毕业之后自觉被带入工作中。如果是一个擅长与导师沟通交流、懂得如何恰当地主动汇报工作的同学，那么工作以后，他/她也会相对容易地与领导和同事相处和睦，而很多人际交往方面的"成败"也都体现在细节里，愿每个人都能成长为有心人。

7.1.2　掌握表达技巧

主动汇报对很多同学来说或许不是十分困难，即使不情愿，但强迫自己发挥主观能动性也是可以做到的。然而，同样是主动汇报，人们也会发现，不同的人达成的效果并不相同。

正如前文所说，有些同学在汇报工作时只是单独丢给对方一个文档、一个实验结果、一段与工作内容相关的文字，却从不对自己发送的内容进行补充说明和解释，这种操作对于接收信息的人而言会有一种"在很不情愿地发送这些东西"的感觉，尽管发送者可能都没有察觉到这一做法的不合适。要尽职尽责地完成工作，同样也要让自己辛苦换来的劳动成果得以正确地展示，这就需要掌握恰当的沟通表达技巧。比如，导师要求协助查找某方面的资料，在将汇总后的文档发送给导师的同时，可以附上这样一句话。

"××老师，关于您昨天提到的××问题的资料，我都整理好汇总在这个文档里了，请您查收。如果还有需要协助查找的内容，也请您随时告知我就可以。打扰老师了。"

同样的工作内容，以一种更人性化、更合乎人情的方式去做的时候，往往也会让对方的心里更舒服些。

另外，向导师当面汇报工作或请教问题也一定要注意选择对方适合的时间和地点。如果导师正在办公室接待重要访客，这时候去请教问题就很不合适。又或者，在导师正要外出开会时去找他，想要详细讨论某个实验的方案，如果时间来得及，他或许会抽出五分钟指出一些要点，但如果他在赶时间，可能会让人先回去，把文字版的内容发给他，等他忙完时再回复。遇到这种情况时，其实完全可以主动提出请导师先忙他自己的事情，"老师您先忙，我先把文字版的方案发给您，等您忙完方便时我们再一起讨论。"

当然，凡事都不是绝对的，也有一些场景是可以把握机会向导师简短汇报工作或请教问题的，比如在食堂就餐时遇到导师，或者乘坐电梯时刚好碰见导师。不过需要注意的是，如果电梯里人员过多、场景很安静，那么可以跟随导师在他到达的楼层一起出电梯然后再汇报，而不是当着电梯中所有人的面大声讨论课题内容。

科研上，不同的人持有不同观点是很正常的一件事，因此，如果与导师在某个科学问题上想法不一致，那么在沟通时也要掌握一定的表达技巧，要以一种平和、礼貌的方式表达想法，而不是像参加辩论赛一样和导师针锋相对。毕竟，无论是导师还是自己，最终的目标都是想使某个问题能解决得更好，况且导师在科研方面的经验和知识都要丰富得多，善于倾听才能学到更多。

7.1.3　学会换位思考

2023 年高考成绩公布后，一位 711 分考生家长的话引发了广泛关注。这位成都妈妈在接受采访时说，家长不要把全部精力都放在孩子身上，别太在意结果。这位充满智慧的妈妈之所以能够培养出优秀的儿子，其中很重要的一点在于她懂得换位思考，她深刻理解高考给孩子带来的压力，因而会经常鼓励他而不是打压。这种宽容、放松的教育氛围反而让孩子在积极进取的过程中也培养了良好的心态。

学会换位思考就是提醒人们在与人相处的过程中要具备同理心，即使是家人之间、师生之间，如果只知道从自己的利益出发考虑问题，那么必然也会产生矛盾。很多同学在读研、读博的阶段不可避免地要额外承担导师安排的课题之外的任务，有的同学会把这些工作看成是拓展学习、锻炼能力的机会，也有一些同学会认为自己成了给导师打杂的廉价劳动力。得到与付出不相匹配时心态失衡是人的本性，无可厚非，但如果长期这样考虑问题，既摆脱不掉，又每天生活在抱怨和沮丧之中，那么最终将得不偿失。与其这样，不如一方面尝试理解导师的不容易，另一方面也与自己和解，用积极的态度看待生活赠予的一切，从中获得属于自己的成长。

学会换位思考的同时也可以尝试以朋友之心和导师相处。人和人之间都是这样，只有多接触、多沟通才能加深对彼此的了解，和导师相处也不例外。当以一颗朋友之心与导师相处，虚心、真诚地和导师交流学术问题、分享生活感受时，相信很多导师也会愿意在指导的过程中倾注更多心血。

读研究生跟对导师很重要，学会与导师愉快相处也很重要。希望每一位研究生同学都能在收获知识的同时也收获愉快的生活感受。

视频：研究生如何与
导师愉快相处

视频：研究生与导师
沟通应该注意什么

7.2 如何做个不被讨厌的科研人

人际关系是否融洽看似与科研能力本身并没有直接关系，对科研人来说，它真的重要吗？

重要。

因为无论生活和工作的圈子半径有多大，人总归会成为某个群体中的一员，而良好的人际关系无疑会给工作和生活减少很多不必要的烦恼。

对研究生来说，尽早意识到人际关系和谐的重要性、学会建立良好的人际关系网络对日后在职场中的发展也至关重要。

"为什么他能与导师愉快相处，我却不行？"

"为什么师兄师姐总是不愿意教我做实验？"

"为什么同学们总是相约一起出去玩，却从来不邀请我？"

如果这些情况已经普遍出现在自己的日常生活中，或许应该反思和回顾一下，以下这些社交细节是不是也经常被忽略？

7.2.1　那些被忽略的社交细节

1. 不懂得表达感恩，不愿意成为帮手

学会表达感恩是拉近人与人之间关系的有效方式之一。有的同学在接受别人的指点和帮助后甚至连句感谢都不会表达，更不会在对方需要帮忙的时候全力以赴，时间久了，自然就没有人愿意帮他们、教他们。

其实，每一段人际关系的建立都是通过日积月累的小事逐渐实现的，学会表达感恩是在接受别人帮助后最基本的礼貌。重要节日里给长辈和导师发送祝福短信、感谢他们的培养会让对方心生温暖；接受师兄师姐的耐心指导后，买一杯咖啡表示谢意也能增加对方的好感。表达感谢不是建议通过昂贵的礼物体现真情实感，而是要用行动和话语让对方意识到，此人是一个值得帮助的人。

终其一生，人们都会与很多人打交道，会与某些人建立长久的联系，而有些人则可能只在某一个时刻有交集。常怀感恩之心就是要时常对自己说，无论是帮助过自己很多次的家人、朋友、老师、同学，还是仅在某件事上提供过指导和帮助的人，都应该被记在心里。笔者在读研、读博期间一直是实验室几台大型液相色谱串联质谱仪器的负责人，除了要

做好仪器的预约登记之外，大家在使用过程中遇到的仪器故障也会第一时间联系笔者。但笔者毕竟不是专业工程师，所以不得不经常将那些棘手的问题反馈给工程师并由他们再来解决。尽管维修仪器是工程师的本职工作，但笔者从不表现出理所应当，如果没有紧急的实验，笔者也会跟在一旁观看和学习维修过程。时间久了，笔者跟很多工程师都建立了很好的关系，并会在节假日发送祝福信息时向他们对实验室给予过的帮助表达感谢。很多经常打交道的工程师会在维修的过程中给笔者耐心讲解注意事项，笔者也因此掌握了一些基本故障的判断和简单维修技巧。

2. 需要别人反复讲解同一件事

很多刚进课题组开展科研工作的研究生之所以经常会让其他人崩溃，就是因为他们需要别人反复讲解同一件事，无论是实验步骤还是其他工作流程。

然而，每个人的耐心都是有限的，特别是当别人手里也有很紧急的工作需要处理时，还要给新人重复讲解之前说过的内容，确实容易反感。此外，让别人反复讲解同一件事会让对方疑惑，为什么上一次讲解时不能认真听懂并做好记录？这种浪费别人时间的事情本身就可能让对方觉得自己没有得到尊重。如果恰好不擅长表达，就会慢慢形成敏感的社交关系，时间久了，将很难得到别人帮助。

还有一些同学在工作的过程中不愿动脑筋，不会通过举一反三做事。比如，别人教了 A 样品的处理步骤，但 B 样品的浓度是 A 样品的五倍，这时当然需要稀释后再进行操作，可是有些人就是只知道根据之前死记硬背的步骤不假思索地操作，不考虑背后原因，最后很可能导致实验失败或者使实验仪器被污染。

3. 没有边界感

在人际交往过程中还应该注意边界，特别是关系不熟，或者与老师和领导打交道时，如果不懂得把握分寸就很容易让对方反感。

笔者曾在一次学术会议上认识了一位博士后，对方在添加了笔者的微信之后就开始详细打探笔者的单位信息和工作情况，包括怎样才能顺利入职、工资待遇情况、能否帮她找人写推荐信等。笔者理解她第二年就要博士后出站并急于找工作的心情，但毕竟第一次见面，笔者也并不了解她，所以回绝了她的要求。

了解和信任需要时间的积累，急于求成会适得其反。同样地，对熟悉的人也应该有边界意识，避免造成不必要的尴尬。每个人都有不想和外人言说的事情，不要自认为关系亲近就无休止地打探，保留边界是成年人应有的自觉。之前一位同学家庭遭遇变故，请了很久的假之后才重返学校。笔者和她一起在食堂吃午饭，另外一位同学当着三四个人的面追问这位同学家里发生了什么事，笔者清楚地看到，本就消瘦很多的她突然脸色一沉，似乎也没什么胃口继续吃饭了。空气凝固了几秒钟后，笔者迅速转移了话题，开始和大家讨论期末考试怎么复习，但家庭遭遇变故的那位同学很明显依旧在回想伤心的事情，也并没有加入讨论。

7.2.2 如何成为不被讨厌的科研人

1. 培养同理心

大多数社交尴尬的原因都是没能做到"具备同理心"。当人们有意识地培养自己的同理心，就会懂得站在对方的角度考虑问题，让别人舒服，也让自己更受欢迎。

"别人帮助了我，我是不是也能在对方需要的时候做些什么呢？"

"今天师姐给我详细讲解了实验该怎么做，我要及时整理成文字，否则下次自己做的时候又会忘记细节和要点，还要麻烦她再讲一次。"

"关于某个事情，我问了同学 A，但她似乎并不想告诉我，那就不要再问了，如果想说的话，她自然会说的。"

是否具备同理心还体现在对细节的处理上。笔者曾在自媒体平台分享过这样一件小事：实验室里一位联合培养的研究生让笔者印象很深刻。除了在科研上很刻苦之外，她还是个十分细心的女生。她会主动把新买来的耗材码得整整齐齐，实验需要的培养基快用完时，她会提前帮忙配好放在冰箱里，共用耗材快用完时她会在固定位置补齐供大家使用……这样的小事不必屡次告知，她也会经常"看见"并主动去做。她能体会别人被其他工作占用精力而无暇顾及这些小事从而主动分担，那么显然很多人也会因为她的懂事而选择更用心地指导她。所以，笔者很赞同一位网友在评论区的留言：理想的师生关系应该是双向奔赴，双方都懂得共情。

2. 多说"我们"，少说"我"

无论是校园还是职场，避免不了会有一些工作是需要多人共同参与完成的，这种情况下，应该学会客观、公正地看待成果，如果一味地将全部成就归功于自己，不提这个过程中别人的参与和付出，那么必然会遭到别人的不满，时间久了，大家也就不会愿意合作了。因此，在汇报团队成果时，多说"我们"，少说"我"，如果是汇报个人成果，也可以在汇报结尾或私下对提供帮助的其他人表达感谢。

参加学术会议时也会发现，很多专家在做学术报告时经常会说"我们团队研究发现……"，因为团队负责人起到的更多是引领和把握方向的作用，但很多具体的科研工作需要团队其他成员分担和执行。

3. 切忌严于律人，宽以待己

很多家长在教育孩子的过程中抱怨孩子不爱学习，不够自律上进，其实，很多时候是因为家长没有做到严于律己。除了教育方式方法之外，如果不能以身作则地给孩子树立一个良好的榜样，那么很可能导致孩子不好管教。试想一下，父母在愉快地刷着手机打着游戏，还要求旁边的孩子好好看书、再做一百道题，这种情况下，孩子会信服这种教育方式吗？

与此类似，作为一个成年人，当想要吐槽身边的人和事时，也应该同时反思一下自己在某些事情上的做法是否合适。真正的强者从不抱怨环境，而是向内求因，从自己身上找原因并严格要求自己，从而成长为越来越优秀的人、受到别人的尊重。正如日本著名企业家稻盛和夫在书中指出的一样，热爱工作、投身事业，在这一过程中抑制私心、陶冶人格，同时积累经验、提高能力。这样，才能获得周围人们的信任和尊敬。

有人说，美貌和任何一种能力搭配都是"王炸"，单出却是"死牌"。笔者想说的是，高情商也是如此，它并不会直接带来任何科研成果，只是能让人们在相对和谐的人际关系中减少一些不必要的阻力。当然，追求人际关系和谐并不是鼓励一味迎合他人、改变自己做人做事的准则，高情商也不是一个人能力的全部体现。愿每个人都能在研究生学习的阶段里成长为更加全面的人，句句不提，事事努力。

视频：如何做个不被讨厌的科研人

7.3　学会建立弱关系社交

作家陈愉在《30 岁前别结婚》这本书中提到过一个观点，她说，为了获得满足感、调动最大的潜力，每个人都需要 8 种特定类型的朋友。

"建造者"提供激励和引导。

"支持者"　提供支持和鼓励。

"合作者"分享兴趣和激情。

"陪伴者"总是陪在身边。

"牵线者"介绍其他朋友。

"活力者"是开心果。

"启迪者"分享思想。

"导航者"提供建议、指引方向。

第一次读到这里时，笔者很认同这一段话，并在纸上将自己的"朋友们"进行了划分，写进了对应的类型里。让笔者感到欣慰和幸运的是，自己能够从身边经常交往的人中找到符合每一种特定类型的对象。不过，对于笔者来说，符合特定不同类型的人并不完全是通常意义上的朋友，他们当中还有家人、长辈、同学，甚至是不必时常见面但总能在重要的人生节点给自己提供指导和建议的人。

而这其中的一些人，最初都是从弱关系社交中建立起来的。

7.3.1 主动搭建弱关系社交网络

1. 学术交流

通过参加学术会议等学术交流活动拓展人脉是科研人建立弱关系社交网络最普遍的方式之一。如果是跟随导师、领导或同事一起参加学术交流活动，那么由他们为自己引荐其他专家学者自然是更好的方式，当然，也可以借此机会询问对方是否方便留下联系方式，以便日后交流请教。

如果在某次学术会议上刚好听到了与自己研究方向十分相近的内容，并在聆听报告的过程中产生了一些疑问和见解，那么也可以把握机会，与报告人建立联系。比如，很多学术会议会在报告人讲述完毕后留有提问环节，那么可以大方地举手，抓住提问的机会。另外，也可以在会议休息的间隙找到这位报告人，如果对方刚好有空，那么就可以提出自己的问题，并礼貌询问对方是否介意留下联系方式。

这里需要提醒的是，如果在没有人引荐的情况下，最好根据对方的身份地位来判断主动索要联系方式的合理程度。如果对方恰好也是青年学者，那么直接询问对方的通讯方式，不必有太多顾虑。如果对方是院士或研究领域内德高望重的大专家，那么最好不要直接上前索要联系方式。一方面，这些权威专家可能不愿轻易透露自己的联系方式，冒昧索要很可能也会遭到拒绝；另一方面，他们日常会有更多、更复杂的工作需要处理，行程安排也会很紧凑，在对方并不认识自己的前提下，即使拿到了对方的联系方式也不适合随便打扰。除非有非常迫切的问题想要和对方探讨请教，那么可以尝试问问对方，是否方便提供他们科研团队中具体从事该研究的老师的联系方式。

2. 主动拓圈

除了有意识地主动搭建科研领域的社交关系网络之外，当代年轻人也应该有积极拓圈的意识，也就是学会建立科研领域之外的社交关系。

可以根据自己的兴趣爱好或想要提升的具体方面，在经济能力允许的条件下主动加入一些付费社群。这些社群通常会不定期组织一些线上线下活动，让成员围绕某个话题展开讨论，有时也会邀请一些重量级嘉宾做专访，这个过程能够拓展眼界，收获认知水平和思维方式的提升。

笔者曾在 2023 年年初通过朋友圈了解到一个青年社群，并支付了499 元的费用成为会员。令笔者没想到的是，自己曾经读过并推荐给身边很多朋友的一本书的作者也是这个社群的重要嘉宾。笔者还通过这个社群认识了很多年龄相仿的伙伴，他们来自各行各业，但笔者发现，很多人都具备活跃的思维、超强的行动力。其中一位在上海做律师的女性朋友给笔者留下了很深刻的印象，她一直在做一档与律师相关的播客节目，定下"对话 100 位有趣有料的律师"的目标，并且已经围绕这一主题举办了多期活动。尽管身处不同的领域，但她这种目标清晰、执行力极强的做事方式深深地感染了笔者，每次想要拖延时，笔者也总会想起她，并以此督促自己行动起来。

其实，只要用心搜集就会发现有很多类似的社群或能够拓宽眼界的活动可以参加。

作为一名年轻的科研工作者，笔者有幸入选了"北京市青年人才托举工程项目"，这是由北京市科学技术协会组织评选的人才类项目。2023年的夏天，在科协老师的组织下，很多和笔者一样的"青托人"报名参加了官方组织的"青年科技人才启航特训营"。特训营里，来自各个研究领域的四十多名年轻科研工作者在封闭培训的过程中加深了了解，建立了联系，也对各自从事的科研工作有了初步的认识。就在特训营结束后的第二个月，在一位医生学员的组织下，从事不同研究方向的医生们又进行了一场线下学术交流会，并对自己的研究领域做了报告。所以，即便从弱关系社交开始建立，但只要开始走出第一步，后续就可能建立起更多的联系。

7.3.2 建立弱关系社交的小技巧

1. 展现闪光点

人类普遍拥有"慕强"心理，有上进心的年轻人会崇拜事业成功的前辈，有格局的前辈也会愿意扶持有潜力的年轻人。因此，学会在建立弱关系社交的过程中恰当地展现自己的闪光点就显得尤为重要。

因此，要在别人不了解的情况下把自己具备的能力和特长展示出来，如果对方恰好在这方面有所欠缺或需要寻找具备这项能力的人员开展相关合作，那么这种关系就可能在日后由弱关系社交转化为紧密程度更高的社交关系。笔者认识一位老师，他的英语口语特别好，在普遍更重视英文论文撰写能力的科研环境下，标准的发音、流畅的表达让他显得格外出众。于是，每逢单位有外宾来访，领导都会叫他陪同出席，他每次也都顺利完成了翻译任务。后来，他的能力被上级单位认可，获得了工作调动，主要负责国际合作与交流的相关业务。

需要注意的是，在展现自己闪光点的同时也要切记保持谦虚的姿态，时刻告诉自己"人外有人，山外有山"。别人会因为某人在某些方面能力突出而产生好感，但在进一步的了解中，如果凭借这些能力表现出骄傲自大的姿态则反而可能令人反感。人们应该在努力的同时保持清醒的头脑，客观看待自己的优势并尽力弥补个人的不足，才能走得更稳、更长远。

2. 真诚待人

信任是在真诚的基础上建立起来的，即使希望获得对方的一些帮助和建议，也不要在交往的过程中表现得过于急于求成或带着很重的功利心靠近对方。真诚、虚心地寻求指点和帮助，并在对方需要时尽己所能帮助对方，这样才会慢慢获得对方的信任。帮助他人并不是一种义务，越是被人欣赏和崇拜的人，他们的时间可能就越宝贵，坦率地跟对方表明自己也很乐意为他们做些力所能及的事情，让对方看到诚意，才可能收获别人更多的帮助。

曾听一位朋友与笔者抱怨她的遭遇。她所在的实验室有一位高年级师姐，每次导师给这位师姐安排课题之外的工作任务时，她都积极答应导师，转过头就将任务分派给师弟师妹来做。更过分的是，师弟师妹们辛苦完成的工作内容被发送给她之后，她只是稍加汇总就直接发送给导师，全然不提其他人。师弟师妹们敢怒不敢言，直到有一次，导师在给另一位同学安排工作时，发现这位同学正在做的内容原本是安排给这位师姐的，进一步了解情况后，导师严肃批评了她。

与人交往，真诚很重要，不要自作聪明地利用他人，因为这样做只会成为越来越不受欢迎的人。

3. 注意沟通方式

对刚建立起社交关系的人，一定要有分寸感和边界感，不开过分的玩笑，不过度打探对方的隐私，这是最基本的礼貌。

有问题需要咨询和请教时，笔者通常不会直接给对方打电话，而是先以文字的形式，通过短信或微信发给对方。如果是给前辈或领导发送文字，笔者会将内容写完后，先发给自己的账号检查一遍，确认表述清楚、无错别字和歧义后再转发给对方。向其他人发送文字消息时，特别是向不经常联系、关系不熟悉的人，切忌先发"在吗"，这种没有明确目标的内容很容易引起对方的焦虑和反感。

之所以不会轻易给弱关系社交人群打电话，是因为不清楚在你拨打电话的时刻别人是否方便接听。同样地，笔者也不会轻易给对方发语音，即便手机 APP 有语音转文字的功能也应该从方便对方接收消息的角度考虑问题。如果是某些重要且紧急的事情需要沟通，在给对方拨打电话时，笔者的第一句话通常是"××，您好，我是××，请问您现在方便说话吗？"

学会建立弱关系社交对拓展人脉会起到很好的辅助作用，但只有学会同时维护好已经建立起的社交关系，在社交过程中具备同理心、待人真诚、有分寸感，才能真正将这段关系维系得更加长远，路才会越走越宽。

7.4　如何把握机遇

每个人的一生都会面临无数次选择，这些选择就像是斯诺克球桌上的白色主球，选择以怎样的角度击打它，命运就会因其而改变方向，走向截然不同的方向。很多时候，选择背后意味着新的机遇，如何做出判断和选择，其实就是如何面对机遇。

毫无疑问，在这个物质和精神生活都极大丰富的时代，掌握技能越多的人就一定能够拥有更多的机会。编程、大数据分析，甚至是自媒体运营都可能成为随时随地的加分项，给自己带来不期而遇的惊喜。机会确实是留给做好准备的人，不过生活中除了要抓住那些至关重要的机遇之外，还应该懂得分辨和放弃那些并不适合自己的机会。

人生之路无非两条，走错时及时止损，走对时持续努力，就很好了。

7.4.1　学会抓住机遇

想要抓住机遇，就应该具备超前意识，在机遇到来之前尽可能全面地掌握信息，做好充分准备。

比如，有的同学在读研期间明确了日后想要出国读博士的想法，那么公派留学无疑是一个很好的选择。想要了解这方面的信息，就要经常关注国家留学基金委官方网站上的公派出国留学项目信息和录取派出信息等内容。此外，该网站还会不定期发布一些合作奖学金项目和短期赴外交流项目，对想要出国的同学来说，这也是值得把握的机会。掌握了项目申报的基本信息和所需条件之后，再着手准备语言考试，并提前查找联系国外合作导师。这样一来，就会在机会到来之前做好相对充分的准备。当然，在这期间最好能积累更多的科研成果，从而为自己在申报阶段和投递简历时增加胜算。

对很多博士研究生来说，毕业后继续从事科研工作是求职方向的首选，对笔者来说也是如此。笔者是在博士三年级规划自己的就业方向时坚定这一想法的，笔者知道国家自然科学基金是所有科研人工作后的首要目标，所以，开始利用业余时间关注并搜集国家自然科学基金的相关信息，还在当年参加过一次讲解项目申报书撰写要点的知识讲座。虽然对第二年才博士毕业的笔者来说，申请国家自然科学基金与当下的自己全然没有联系，但笔者认为，尽早了解一些前沿方向和写作方法毕竟没有坏处。这些积累的学习资料也真的在笔者工作之后撰写项目申请书的阶段起到了很大的帮助作用。

明确目标，然后比别人更早出发，或许就能在机会到来时真正抓住它。相反地，如果只是因为看到了机会存在的可能性不大便放弃努力，那么错失机遇也会是在所难免的。

还记得第一次撰写英文论文并顺利投稿后，等了两个月的时间，笔者终于收到了期刊的返修意见。在看到编辑和审稿人总计罗列了 50 多条修改建议时，笔者没有谦虚地接受并思考该如何回答这些问题，反而想起曾经听说过的一句话"只要期刊给了修改的机会，最后就都会顺利接收。"于是笔者草草修改了稿件内容，对编辑和审稿人提出的问题应付了事后就自信满满地将全部材料上传投稿系统了。没想到，自己很快就收到了期刊的拒稿通知。编辑在拒稿信中明确指出，审稿人提出的很多关键问题都没有得到充分的回复。笔者当时为自己的掉以轻心感到十分后悔，觉得自己没有珍惜机会。也正是这件事让笔者知道，任何时候对待任何事情都应该全力以赴认真完成，没有什么机会理应属于自己。后来，笔者重新根据审稿人给出的建议对照文稿仔细进行了逐句修改，那篇论文最终被另外一本期刊顺利接收。

7.4.2　懂得分辨和拒绝不合适的机会

生活的复杂之处常常体现在它会给出多个选项，但并不会告诉人们哪个选项是正确的，这就要求自己要懂得分辨和拒绝一些不合适的机会，从而避免做出错误的决定，甚至误入歧途。

还记得在笔者做短视频积累了 3000 多个粉丝时就曾收到过一个品牌方的合作邀请，是给某个品牌拍摄宣传广告，时长 60 秒，报价 2000元。对当时还是学生的笔者来说，这无疑是一次很有吸引力的合作，但是综合考虑后，笔者还是拒绝了。因为对方要求去公司拍摄，即便他们发来的地址是笔者熟知的写字楼，笔者还是会有种潜在的不安全感。

笔者也拒绝过千字百元的写作机会，对方要求十万字写起。也就是说，在耗尽心力写完十万字之后，笔者或许能拿到一万多的稿费，但笔者深知写作需要灵感，也需要耗费巨大的精力和时间反复修改。笔者无法将这些精力和时间从学业和生活中分配出来，更气愤于新手作者的灵感不应该如此廉价，于是果断拒绝了。

笔者相信，当自己掌握的技能越来越多，遇到的机会也会越来越多。只有学会在眼花缭乱的机遇中保持初心、提高分辨能力、果断放弃那些不适合自己的机会，自己才能更好地积蓄力量，走得更长远。

7.4.3　想要获得额外机会，就要付出额外努力

时常会听到一些研究生同学抱怨："明明我和他的科研能力差不多，但导师带他参加学术会议，不带我去；明明我比师妹早来一年，导师却让师妹负责实验室的日常管理；明明我们都在学生会协助做了很多工作，老师却把优秀学生干部的名额给了他……"

很多人都会在生活中为类似的"明明"感到不公平，为自己失去的机会感到愤懑。其实，更应该静下心来反思和回顾一下，自己和对方相比，能力水平和承担的工作量真的是一样的吗？很多时候，别人之所以拥有更多的机会，是因为他们确实付出了额外的努力，而这些努力，只是自己没有看到而已。

相信很多人都听说过吉尔·佩雷兹的故事。他原本只是佳士得拍卖公司一个不起眼的门童，每天出入佳士得的重要人物数不胜数，几乎没有人会在意这位替他们拉门的门童。然而，吉尔在提供周到服务的同时记住了他们每一个人的名字、喜好和习惯。属于吉尔意料之外的机会源于一次重大商业活动。公司需要找到一位能准确叫出所有到场嘉宾名字的人，经过几次筛选都没有合适人选，最终吉尔自告奋勇，并在活动当天出色完成了任务。退休那天，佳士得公司为他举办了盛大的欢送会，并宣布他将以副总裁的身份和待遇退休。

在平凡的岗位做出非凡的业绩，吉尔用自己的故事证明，要想获得额外机会，就要付出额外努力。

学会把握机遇很重要，懂得适时放弃也同样重要。如何做出不留遗憾的选择，这或许没有标准答案。人们唯一能做的是努力让选择变得正确。

第 8 章

时间管理能力

8.1　不懂时间管理　只会事倍功半

2018 年的春天，笔者因为准备考博，不得不将写硕士毕业论文的时间压缩到一个星期内。笔者一边紧张地敲着键盘一边懊悔，如果之前懂得阶段性地整理论文内容，如今也不至于如此慌乱。熬完那几个通宵之后，笔者意识到解决焦虑的最好办法就是凡事提前准备，也意识到自己在时间管理能力方面的欠缺。

很多时候，人们之所以感觉到焦虑和不安，就是因为不能很好地分配任务、支配时间，不懂得将重要且紧急的事情前置，因而使生活陷入被动和混乱。后来，笔者开始有意识地在很多事情上做到提前规划、严格执行、及时复盘，效率提高了很多，忙碌的生活反而也轻松了一些。对研究生来说，尽早培养自己的时间管理和精力管理能力将是一件受益终生的事情，因为它会让人在学业、事业及生活上成长为事半功倍的人。

8.1.1　研究生为什么需要时间管理

1. 毕业压力

对研究生来说，一个很现实的问题就是必须在有限的时间内达到包括开展实验、获得结果、发表论文的毕业要求，否则可能面临延期毕业的风险。这就要求每个学生通过提高工作效率和时间管理能力达到既定目标。

此外，很多研究生在开展课题研究的过程中还要同时承担课题组安排的其他任务，如试剂采购、财务报销，或是导师现有的其他课题研究等内容，如果不能合理规划时间就很容易陷入混乱，或在执行的过程中出错。

2. 生活组成

进入研究生阶段之后，很多同学在规划学业的同时也要考虑如何平衡个人生活，越来越多的研究生为了在就业时不被婚育情况限制而选择在读研、读博阶段组建家庭、养育孩子，这也让他们不得不平衡好除了学业之外的更多问题。

笔者身边也有一些女同学选择在博士学习期间成为一名母亲，此中辛苦不言而喻，还有一些不得不因此选择延期毕业。生活的任何阶段都需要平衡，然而，当需要平衡的事情过多时，只有懂得管理和规划时间，才能尽量兼顾好每一个身份和角色。

8.1.2　如何提高时间管理效率

1. 养成提前规划的习惯

时间管理的"四象限法则"建议人们将每天需要处理的事情按照重要且紧急、紧急不重要、重要不紧急、不重要也不紧急的分类进行排序，并优先完成前两种类型的任务。其实，即使四种类型的工作任务在数量上相同，带来的心理压力也各不相同。在完成前两类任务时，人往往就会感到轻松很多。

能帮助人们清楚地看到需要完成的具体任务及明确它们分别属于哪种类型的一个好习惯就是提前规划。如果还没有养成这个习惯，建议从今天开始，准备一个口袋大小的笔记本（或者用手机、平板电脑里的备忘录类 App）将第二天需要完成的任务依次记在上面，暂且不需要顾及完成顺序，因为这一步的目的是尽可能不要遗漏待办事项。

笔者建议在书写每一项任务时顺便考虑完成这件事大概需要的时间，并用括号在旁边标注出来。在确保全部内容完整列出后，需要重新考虑完成顺序。笔者的个人习惯是依次用字母 A、B、C、D 表示优先级，标注为 A 的事情要放在最前面来做。这样标注的好处是不需要浪费时间重新书写一遍刚刚写过的任务内容，只不过是将它们的顺序打乱而已。比如，任务列表里有一项实验内容是需要每天固定在早上的时间来完成，那么即便有其他重要且紧急的事情，它们可能也要安排在实验结束后进行，做实验这件事就属于第二天排在第一位的 A 类任务。

其实，不只是每日待办事项需要提前规划安排，周计划、月计划、季度计划和年计划也应该根据实际情况提前撰写、定期更新，并理性计算达成目标需要的时间，然后脚踏实地执行。执行的过程中通过阶段性的总结复盘可以看到自己的执行进度和在这个过程里的成长。国家尚且需要制定五年规划，故笔者认为每个人也应该在日常多想想自己的每一个五年规划。比如，截至三十五岁时希望获得哪些积累，四十岁时达到怎样的状态。规划也是目标能够实现的动力之一，它不会让人一蹴而就抵达终点，但会让人离目标越来越接近。

2. 充分利用碎片化时间

无论是在读博期间，还是工作之后，笔者在实验室经常看到这样的现象，有些同学在开展实验的过程中需要涉及离心、孵育、静置反应等步骤，这些时间短则十几分钟，长则两三个小时，但大部分同学真的就在这段或长或短的等待时间里聊天或者玩手机，这也是很多人感觉"看上去忙碌了一天，但似乎没做多少工作"的原因。他们没有意识到碎片化的时间如果被充分利用起来，其实可以做很多事。

碎片化时间是客观存在的，但它毕竟和整块的时间不一样，常常需要人们自身做出调整，才能更好地契合它的特点、高效地利用它。一直以来，笔者分享的短视频内容都是用手机拍摄和剪辑的，尽管如今手机剪辑 APP 的功能已足够强大，能够满足大部分视频剪辑的要求，但这并不是笔者选择用手机进行视频剪辑的主要原因。最主要的原因在于，手机能够保证笔者随时随地开始剪辑工作。坐公交车、排长队、实验间隙……笔者的很多期视频内容都是在这些碎片化的时间里慢慢完成制作的。

尝试利用好生活里的碎片化时间就会发现，每天似乎不止有 24 小时。

3. 学会同时开展工作

想要提高工作效率，就不能只知道循规蹈矩、不假思索地机械操作，要学会这样考虑。

同一类型的实验能否穿插进行？（平行时间协同）

是否可以一边听线上讲座，一边整合实验数据？（脑力与体力协同）

带领师弟师妹做实验，在完成复杂步骤处理的时候，能否让他们协助去做称量样品、书写样品瓶编号这些基础工作，从而缩短总体花费的时间？（人员协同）

以笔者所从事的细胞研究为例，有些实验周期是四天，如果只是按部就班地从周一到周四进行，那么即使周末不休息，一周下来两个实验周期也无法完全达成，效率太低。后来笔者发现，为期四天的实验周期只是每一天操作的内容不同，所以笔者会以周一、周二、周三、周四作为第一个实验周期，以周二、周三、周四、周五为第二个周期，依此类推。这样一来，只是每天需要额外多花费一点时间完成下一个周期中的内容，就能够在七天的时间里最多完成四个周期的实验，大大提高了实验效率。

4. 不同时间段做不同的事

每个人的工作和生活习惯不同，每天效率最高的时间段也不相同。有的人习惯早起工作或学习，有的人则喜欢熬夜完成任务。另外，每个人生活的环境也有所差异，在环境条件限制的情况下，完全按照自己的作息习惯管理时间或许很难完全实现。比如，如果住在学校的集体宿舍，起得太早或睡得太晚可能都会打扰别人休息，也不合适。因此，每一天的时间究竟应该如何管理和规划，每个时间段应该完成哪些工作，这些都要结合自身情况具体分析。

工作以后，笔者开始刻意养成早睡早起的习惯，因为笔者发现，自己早上的精力状态确实比晚上更好，效率更高。有的人建议早起时间用来完成那些难度大的工作，但笔者不会，因为在笔者看来，那些难度很大的工作往往也意味着需要更多的时间思考、斟酌，很有可能刚进入工作状态就到了上班时间，思路就又被打断了。所以，笔者会用早上多出来的一个小时完成难度适中的

视频：每天时间不够用怎么办

内容，比如写书、写短视频脚本或者阅读书籍，笔者发现这样效率反而更高。

了解哪些提升时间管理能力的方法并不重要，重要的是，找到适合自己并且能长期坚持下去的方法、养成高效工作学习习惯，真正成为效率达人！

8.2 善于借力，提高效率

很多时候，想要提高做事效率，单纯靠自己努力是远远不够的，一定要打开思路，善于借力。学会借力不是为自己躺平偷懒找借口，而是学会用"富人思维"解决问题。正如著名的财商教育书《富爸爸穷爸爸》中写道，穷爸爸努力存钱，富爸爸不断投资。同样地，穷人思维的努力方式是延长工作时间，富人思维的努力方式是提高工作效率。善用以下两种借力方式，那么人的做事效率将大大提高。

8.2.1 善于借助工具

对研究生来说，了解常用的科研工具网站是十分必要的。以文献查找为例，除了学校图书馆购买的文献数据库资源外，研究生还要知道百度学术、SCI-HUB 这类网站，方便随时随地下载文献。而想要了解期刊

信息则应该多关注 LetPub、梅斯医学等网站，在此可查询到期刊的影响因子、分区情况等详细信息，这些信息对选择目标期刊具有十分重要的参考价值。

在论文撰写的过程中，很多同学会陷入词语匮乏的境地，或是不知道该如何用英文准确表达观点。这时候，建议多参考 Academic Phrasebank、DeepL、CNKI 翻译助手、易搜搭等网站中提供的科研句式、翻译结果及同义词替换等内容，积累写作灵感。当然，不建议完全依赖翻译工具进行 SCI 论文撰写，因为这样无法真正锻炼自己的论文写作能力。

想要了解升学、就业的相关机会，可以将高校人才网、事业单位招聘考试网、目标城市的人力资源和社会保障局官方网站等作为自己日常关注的网站，因为它们会提供很多招聘信息。

在开展科研工作的过程中，应该学会掌握更多的科研工具，它们可能会成为高效解决问题的有力助手。

8.2.2 善于提出帮助请求

很多性格内向的同学既不擅长与人沟通，也不擅长提出帮助请求。他们宁可自己花几倍的时间完成工作任务也不会想到这个过程里如果请其他人协助将大大提高完成效率。如果认为请求别人帮忙会耽误对方时间从而心生歉意，那么完全可以在下次对方需要帮忙时同样伸出援手，或在本次工作完成后请对方喝杯咖啡。

其实，无论是同学还是同事，互相帮忙不但能够提高效率，也能够增进感情，因此，人应该学会主动提出帮助请求。还记得读研究生时，笔者所在的实验室经常要承担大批果蔬样品的农药残留检测实验。人员分配不够时，导师会让研究生也加入检测行列。有一次，在一位老师的带领下，实验室里七八个人做实验到了凌晨一点，虽然疲惫，但看着实验室窗台上摆放的两百多支离心管，每个人内心都是满满的成就感。也正是这样同甘共苦的氛围增进了团队彼此间的感情。

鱼乘于水、鸟乘于风、草木乘于时是古人便知晓的道理。善于借力、开阔思维才能成为高效的科研人。

8.3　无痛自律方法推荐

看完世界顶级滑雪运动员、多枚冬奥会金牌获得者、接近满分成绩考入斯坦福的时尚宠儿谷爱凌的超强自律方法，大多数人除了羡慕更想知道怎样才能实现无痛自律。笔者将在本节分享几个自认为非常有效的无痛自律方法，有的方法是笔者自己在摸索的过程中总结出来的，另外一些则是在借鉴他人方法的过程中发觉十分好用的，希望这些无痛自律方法能帮助"三分钟热度患者"撑住"进度条"。

8.3.1　只做五分钟

假如想逼自己看一本书，但是想到 300 多页的厚度，要坚持很多天才能看完，于是放弃了；假如看到体重秤上飙升的数字，暗自下定决心一定要减肥，希望一周减掉 10 斤肉，但是想到接下来的几天可能要吃白水煮菜了，还是认怂了，顺便叫了外卖……

人们难以开始行动的主要原因在于目标被设定得太遥远，因而自己认定了自己很难实现它。其实，再难实现的目标都是靠一点点的积累才实现的，如果告诉自己只做五分钟，当时间积累得足够长久时，猜一猜结局会如何？

人类的大脑很神奇，当对自己说"只做五分钟，五分钟后就休息"，大脑往往会欣然接受，认为这不是什么难事，于是可以顺理成章地开始行动。五分钟后，人可能已经进入状态，身体也开始产生继续工作的惯性，自己甚至可能都没意识到五分钟的时间已经到了。这种由惯性带来的继续工作的状态在心理学上叫"飞轮效应"——一开始必须花费很大的力气，达到某一临界点后，无须再用更大的力气，飞轮依旧会快速转动，而且不停地转动。

除了在执行时间上制定小目标，也可以制订类似"只读 5 页书""只跑步 5 分钟"之类的计划。或许读完 5 页就会发现书中的内容很有趣，想要继续读下去。其实，通过制定小目标的方法去无限接近最终目标等同于对大目标进行足够细致的拆解，最需要做的是先从第一个小目标开始行动起来。

8.3.2　用假定结果反向驱动行为

笔者在硕士三年级时决定考博，但硕士课题中的实验临近那一年的年底时才基本做完，要同时面临博士入学考试复习和硕士学位论文撰写等棘手的任务，每天都在疲惫中度过。辛苦复习的那段日子里，笔者有一种莫名的自信，就是只要熬过那段时间自己一定能考上！笔者也会常常设想顺利通过博士入学考试之后的喜悦，设想一切尘埃落定之后如何奖励自己。

撰写这本书也是一样。还记得选题通过出版社审核的那一天，笔者十分开心，没想到自己想要出一本书的目标果真就要实现了。然而，开始动笔之后，笔者才知道写书的过程有多么不容易，自己需要整理大量的信息，查阅各种形式的参考资料，加上本职工作原本就占据了生活里的大部分时间，所以只能利用早起、熬夜或是周末的时间来撰写书稿。没有写作灵感时，笔者也会感到焦虑和崩溃。每到这时，自己就会设想新书顺利出版后的场景，想象那些在读研读博过程中经历困惑的同学因为看了这本书而有所收获时的成就感，然后自己就会重新充满动力，继续写作。

每一个好习惯的养成，每一个成绩的获得注定都需要辛苦的付出和持久的努力，正如想要成为一个自律的人，就不妨用假定的结果鼓励自己——变得自律后，就一定能达到美好的状态。经常这样代入自己，会给自己带来更多的勇气和动力。

8.3.3　优先做容易获得成就感的事

当一件事情看上去很难完成，从而让人产生偷懒的念头时，不妨思考一下，这件事能否被拆解成若干个部分，拆解后的内容中哪些是相对容易完成的，然后就从这部分内容开始行动。

比如，对很多研究生同学来说，撰写论文，特别是英文论文是一件很痛苦的事情。看上去只有几千字的论文，却总是不知道该如何下笔。如果按部就班地按照一篇论文的排版顺序去撰写，那么可能浪费掉很多时间也写不出令自己满意的摘要。然而，优先撰写"材料与方法"这部分内容，难度就会降低很多。当针对这部分内容撰写了一千多字后，人会迅速积累成就感，也会开始渐渐找到论文写作的感觉，这时候再去撰写论文中的其他内容就会相对容易和顺畅了。

举这个例子就是希望人们知道，在自己很难做到自觉行动起来时，不妨优先从更容易获得成就感的部分入手。在能够出色地完成这部分工作后，再从剩下的内容中挑选相对容易被完成的，循序渐进，直到全部工作被顺利完成。

比如，不想看书时，可以尝试摘抄已读书籍中的金句，整理思维导图，这部分工作基本不需要大脑思考，只需要机械地敲打键盘就好，但是当真正坐下来整理和记录时，看着满屏幕的文字，就会更容易产生成就感。在前文提到的"飞轮效应"的驱使下，或许人会更容易继续开展其他有难度的工作。

留心观察那些能给人带来情绪价值和产生成就感的工作，从这些内容做起，先养成习惯，再循序渐进，就会发现，自律真的没那么难。

8.3.4 通过奖励机制倒逼习惯养成

有了一次自律的行动还不够，如果自律没有形成习惯，下次再做其他事情的时候，人还是会陷入拖延、低效的循环当中。要让自己在不断的行动中慢慢养成自律习惯、擅用自我奖励的机制，则有助于倒逼自律习惯的最终养成。

可以在开始工作前准备一张白纸和一个计时器放在旁边，然后在执行工作的过程中一旦分神想要干别的事，就在准备好的白纸上先记下来，作为完成一个工作周期后的"奖励"。比如，在整理书籍内容相关的思维导图时突然想吃零食，那就用写下来的方式暗示自己：再过一会儿就能吃东西了。工作时长一到，用实现待办事项的方式休息，然后再进入下一个工作周期。至于如何规划一个任务周期，则要根据实际执行的工作内容衡量和确认。如果是思路设计类工作，建议以 40 分钟作为一个工作周期，如撰写项目申请书，工作周期太短很容易打断刚搭建好的思路框架；如果是机械整理类工作，建议每个工作周期 30 分钟，如汇总实验数据、摘抄读书笔记等，因为重复性工作更容易导致精力涣散。

这种奖励加周期设置的方式既不会令人觉得距离工作结束遥遥无期，也能令人因为有了对奖励的期待而更有利于任务的高效完成。

8.3.5　内在驱动力

不得不说，前文介绍的方法都有不同程度的被动性，能让人在自律意愿不够强烈时仍可以开始行动。然而，一种更持久也更有效的自律方法其实是寻找自身的内在驱动力，也就是说，如果即将要做的事是内心真正想要去做的，那么自律就不会变成一种强迫性的行为，人往往会主动去做，并且很容易进入"心流"状态，不知疲倦。

笔者认为一个科研工作者应该具备的基本素质之一就是通过内在驱动力坚持不懈地工作，即使面对无数次失败也仍然会对正在做的科学研究充满热情。相信很多选择读研、读博的同学都希望自己能在毕业后继续从事科研工作，只是这时也应该时常自问，自己是否真正对科研工作感兴趣，是否在面对科研瓶颈的时候还能坐得住"冷板凳"，并仍然能主动寻找突破口、学会解决问题。人只有对一份工作发自内心地热爱时，才能够无怨无悔地为之付出，接受可能迟到的满足。

无论希望通过哪些方法养成自律的好习惯都要明白，自律习惯的养成不在一朝一夕。因此，在自律习惯养成的初期，一定要制定合理的规划和目标，别给自己设定过高的关键绩效指标(key performance indicator，KPI)，因为这样反而不利于目标达成。路是一步一步走出来的，只要有信心走在成为更好的自己的道路上，终有一天会有所收获。

8.4　如何规划研究生三年

曾经有师妹问笔者，如何度过三年的研究生生活才能在未来获得更好的发展？在笔者看来，所有关于命运的答案都不只是行动和选择的结果，还需要时间耐心等待。决定每一段人生之路能否走得顺畅，不仅需要主观努力，也有客观因素在起作用。在所有重要的因素之中，提前规划也很重要。如果正处在读研、读博的阶段，则笔者建议能从以下方面认真规划自己的研究生生活。

8.4.1　目标感

1. 论文目标

虽然论文发表数量不是衡量一个人科研能力水平高低的唯一标准，但是在参加奖学金评选、投递简历，甚至是工作以后参加职称评审时，论文发表情况都是必不可少的参考条件之一。特别是当自己在其他方面的科研能力不被别人了解时，往往只能通过论文成果等内容证明自己的能力。所以，研究生期间还是要重视论文的撰写与发表。

研一阶段的同学应该在适应课题组环境的同时尽快确定课题的研究内容，以便能够尽早开展研究，布局论文相关内容。如果预实验进行得顺利，那么它就能够为接下来设计更复杂的实验方案、撰写论文打下良好基础；如果预实验阶段不顺利，较早确定课题的话此时也有时间和机会及时更换课题、调整方向。随着文献阅读数量的积累，也可以跟导师沟通商讨是否能够围绕自己的研究内容撰写一篇综述并试着投稿。虽然综述类论文更适合由某个领域深耕多年的专家学者来撰写，但是对研究生而言，无论是开题报告阶段还是后续统计论文发表数量，综述论文也起着至关重要的作用。

进入研二阶段后，需要优先考虑课题包含的哪些内容可以围绕某一个小的主题优先完成，从而达到一篇学术论文的工作量。这些研究结果也可以成为日后学位论文中 1～2 章的内容。优先完成这部分科研工作的好处是可以在接下来的时间里一边继续开展后续实验，一边撰写这部分研究结果对应的论文。如果撰写过程相对顺利，或许可以在研究生中期考核之前已完成投稿或接收，从而比其他同学优先获得科研成果。通常来说，每年 10 月左右会进行研究生国家奖学金的评选工作，如果在这之前积累的科研成果（主要是论文）比其他同学多，那么会在评选过程中占有一定优势。

研三上学期会是大多数同学忙碌又迷茫的一段时间，因为除了课题中剩余的内容需要完成、论文需要撰写之外，还面临着毕业去向选择的问题。如果想在硕士毕业后继续考博或从事科研工作，那么这个阶段更应该将论文撰写与投稿作为重要的待办事项，因为这两种情况都最好有已经被接收的论文作为简历中的加分项。另外，随着毕业的临近，研究生们也需要尽快着手撰写学位论文，毕竟很多学校通常要求在研三下学期开学后的一个月左右就提交学位论文进行查重。

总地来说，论文写作应该从研一阶段就开始布局规划，研二阶段加快推进，研三阶段冲刺接收，为顺利毕业做好准备（图 8-1）。当然，以上内容是针对硕士研究生的普遍建议，如果是在读博士研究生，那么也可以根据自己学校的毕业要求和学制年限制定参考目标。

- **一年级：**尽快熟悉实验室环境，确定课题研究方向，并开展预实验（一旦客观原因造成进展不顺，可以尽早更换内容），有精力并且有需要的可以写综述
- **二年级：**从课题的总框架中规划出完整的一部分，优先围绕这部分内容开展实验，形成论文并投稿，以此类推
- **三年级（上学期结束前）：**完成剩余实验，并撰写完对应论文，投稿（顺利的话，答辩前会被接收）

图 8-1　研究生三年论文写作规划建议

2. 职业规划

很多同学在考研时意志坚定，却在读研的过程中渐渐发现自己并不

适合从事科研工作。尽管每个人的性格各不相同，但对科研人来说，能够耐得住寂寞、拥有强大的心态和足够的耐心都是必不可少的要求。开展科研工作中遇到的重重挑战或许会让一些人获得磨炼，得到锻炼、对另一些同学来说却像是绕不过去的魔咒。

当然，不是所有拥有研究生学历的人都应该继续从事科研工作，如果在读研、读博阶段发现自己真正的兴趣所在，希望以此作为自己今后的职业并愿意为此付出努力，那么无论这份工作是什么，相信自己都能做好。在还不清楚自己未来适合做什么时也不要过度焦虑，把自己可能感兴趣的职业写下来，然后尽量利用各种渠道去了解它们，有机会的话也可以参加一些线下论坛和讲座，甚至可以做一两次相关职业的兼职工作，进一步对该职业加深认识后再做决定。

无论是准备继续求学还是考公务员或者进入企业工作，笔者都建议在三年级上学期的阶段明确目标，然后集中精力准备下一步需要的相关知识储备和简历材料。早做准备也能多一份胜算。

8.4.2　行动力

1. 成为高效的人

让自己在学生时代就养成高效的做事习惯会对今后的工作、生活有所帮助。正如前文提到过的关于提升时间管理能力的方法那样，可以通过提前规划、对事情进行优先级排序、充分利用碎片化时间、学会同时开展多项工作等方面进行时间和精力管理，更合理地支配和利用时间，成为高效的行动派（图 8-2）。

每个人日常需要处理的事情各不相同，学会将别人的经验和自己的作息习惯相结合，摸索出一套更适用自己的高效做事方法才是最重要的。几年前的互联网大会期间，搜狐网创始人张朝阳的一张作息时间表火了。他每天凌晨入睡，然后四点半左右起床，睡眠时间只有四个小时左右，接下来是一整天紧锣密鼓的工作安排……即便如此忙碌，他还会经常抽出时间看书、学习新知识。多数人未必要模拟他人的生物钟，但自律、高效、有条不紊的做事习惯是永远值得被学习的。

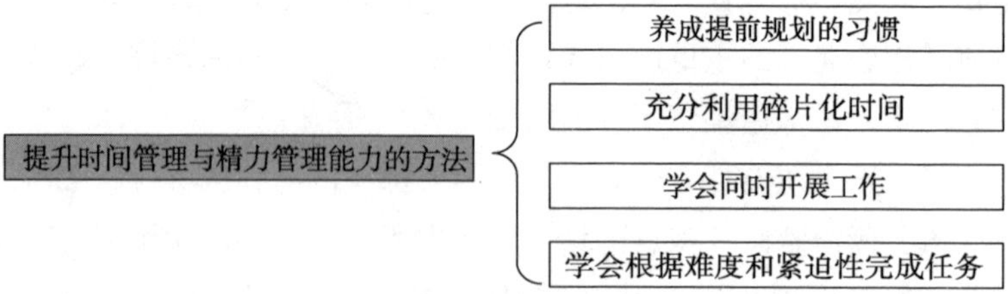

图 8-2　提升时间管理与精力管理能力的方法

2. 培养成长型人格

很多人会将最后一次毕业定义为自己学习阶段的终点，但笔者一直认为，学习应该是坚持一生的事情。只有始终保持主动学习的心态、不断摄取新的知识才能跟上时代的发展，顺应时代潮流。

前段时间，有件事情让笔者印象深刻。单位一位 50 多岁的专家联系笔者，想问一些视频剪辑方面的细节。笔者来到她的办公室，看她正在计算机上用某款剪辑软件剪辑一期科普视频。她说她已经操作一天了，基本的框架都剪辑出来了，就是有些细节还很粗糙，想请教笔者字幕和背景音乐该怎么加。虽然使用的剪辑软件不同，但笔者还是请她将初步剪辑出来的视频发来，后续由笔者帮她完善。她很不好意思地说，"不想占用你们年轻人太多的时间，所以原本打算自己学习一下的。"笔者却很是钦佩，已经五十多岁的她还能够选择主动学习新技能，并且愿意为此付出时间去钻研。后来，当笔者把重新剪辑好的视频发给她时，她很满意，也很开心，说以后有机会也要重新学习笔者使用的软件。这种主动学习的能力其实是很多年轻人欠缺的。相信笔者，如果能够主动在研究生阶段掌握比别人更多的技能，无论这些技能是否与科研能力直接相关，它们都一定能在未来发光发热。

8.4.3　综合素质

能读到这里的读者，相信对本书介绍的研究生应该培养的科研硬技能与软实力已经有所了解，这些能力的积累和提升不是一蹴而就的，是需要在时间的积累下慢慢获得的。在规划研究生三年应该如何度过时，除了发几篇论文、毕业去向是什么这些具体的目标之外，不妨也多想想自己想要成为怎样的人。读者是否会经常问自己这些问题？

"通过研究生阶段的训练和学习，我获得了哪些具体能力的提升？"

"我成长为一个更全面的人了吗？还是只是擅长学习和考试？"

"我懂得过更自洽的人生了吗？还是变得越来越焦虑？"

"面对未知，我害怕吗？我有底气去解决生活中随时可能出现的问题吗？"

回答这些问题，其实也是在回答自己是否在经历了更高等的教育之后成为更好的自己。笔者希望，无论选择何种工作和生活，无论取得的科研成就是高还是低，都能在研究生毕业时至少学会一点，那就是懂得如何遵从内心地活着，为自己向往的生活努力。有人说，读书是跨越阶层成本最低的方式，希望读者都能利用好研究生阶段宝贵的学生时光收获更好的未来，也通能过硬技能和软实力的提升，实现更好的自我管理。

后 记

关于出版一本书的执念

接下来的内容篇幅略长，且与科研学习几乎无关。笔者希望将它作为这本书的后记，是想送一份关于"坚持"的故事给读者。

完成这部书稿时，笔者的那台旧计算机里已经存放了接近 16 万字的小说。

但这毕竟不是笔者的最终目的。

故事要从九年半以前说起。

笔者第一次作为观众参加一个叫《职来职往》的电视节目是在 2014 年的春天，一个飘着微雨的日子。想到即将要在现场见到自己仰慕已久的青年作家刘同，笔者内心还是有些兴奋的，只是耳机里颇不应景地在单曲循环着那首老歌——《说声珍重》。

忍住伤悲说声珍重道别离，也许你我不会再相遇……

虽然从那以后就真的没有再相遇。

一个后期剪辑完只有一个小时的电视节目，现场录制却是另一回事。从观众入场到嘉宾落座，五位选手的求职问答也远远超过之前想象的时长。四个小时的录制时间对所有人的体力来说都是不小的考验。嘉宾们最后是倚着背景板听完选手带来的合唱的，眼神疲惫而空洞……片尾曲响起的一瞬间笔者径直奔到后台，如愿要了签名、合了影。身旁的姑娘忘了带书，落寞地跟同伴说"原来大家都是有准备的呀……"

而笔者已经在心里默默准备了半年的事情是一本小说。不得不承认，笔者之前 22 年还算顺遂的生活总结起来约等于波澜不惊。没想到的是，命运让笔者在 23 岁本科毕业那年突然开始经历各种意想不到的挫折——考研失败，公务员考试未果，事业单位考试被反超，找工作更是碰到各种五花八门的事……属于笔者的"毕业季的台风"刮到那一年的 7 月，最后得以安定下来，让笔者捡到了饭碗，也没丢大学里学了四年的专业。

所以，在一切看似尘埃落定的时候，笔者打算把那些曾经看不到希望的日子转化成文字，也转换成另一种方式的纪念。

如果非要换一种说法的话，笔者是想知道写出 10 万字究竟是一种怎样的体验？

第一次动笔写文章自然是在小学三年级的作文课上。对这门新开设的课程，笔者着实摸不着头脑，老师布置的作文都是"我最难忘的一件事""我的妈妈"一类的题目，看着正在做饭的妈妈，笔者并不知道该如何下笔。

后来，笔者开始了自己写作文的全新套路，就是爸爸说一句，笔者写一句。他说完一句话，等着笔者在方方正正的作文本上慢吞吞地写完，刚打算继续往下说，就被笔者打断，"应该用逗号还是句号？"

遇到他不在家的时候，笔者就犯了愁。给作文写开头真是一件让人不知所措的事，笔者咬着手里的铅笔，直到咬出几处深深的牙印儿，面前的方格纸还是空白一片。有一次，笔者实在煎熬得不想再拖了，两个小时也没写出几行字，是关于"我最喜欢的一种水果"的作文。笔者从语文课本上寻找灵感，无意中翻到了前几天学过的一篇课文，课文里讲的也是一种水果——柚子，最后一段，作者说，自己有一次吃到了极酸的柚子，最后牙都被酸倒了，几天不敢吃东西，连豆腐都不敢咬……笔者偷梁换柱地抄了下来，好歹凑够了字数，像是完成了一项巨大的工程。

一天后，老师发下作文本，笔者的作文上面是红色的大叉和巨大的"重写"两个字。笔者感觉自己遭受了一回重重的打击，伤心极了。爸爸拿起笔者的本子，读道"我喜欢吃香蕉，可是有一次吃到了极酸的香蕉，最后牙都被酸倒了，几天不敢吃东西，连豆腐都不敢咬……"

爸爸说，难怪老师让重写，毕竟除了内容与课文一模一样之外，全世界可能也买不到"极酸的香蕉"。

一个学期下来，笔者的作文就在一次次的糊弄中应付了事。暑假的时候，妈妈带笔者去书店买练习册，笔者看到了书架上摆着的一本《小学生作文范文大全》，心动了一下，残存的上进心告诉笔者，自己也该看看这东西怎么写了吧。当成学习任务来买的一本书让笔者整个假期爱不释手。它有两本语文书那么厚，笔者却耐心地全看完了。都是同龄人，人家写出来的东西怎么就可以用"生动""深刻"来点评，自己却连作文开头都不会写。

然而，促使笔者爱上写作的不是上进心，而是由此开始莫名其妙产生的兴趣。笔者于是尝试独立写作文，看到喜欢的东西，就在自己单独准备的日记本里写下来。四年级参加市里面举办的作文比赛的时候，笔者还意外地得了一个三等奖，这给了笔者极大的信心。

信心这东西真的会令人上瘾。比如，笔者只刚刚得了一个小学市级作文比赛的三等奖就得寸进尺地给自己许了一个未来当作家的梦，在那个打印机还很少用到的年代里，能把自己的文字变成铅字展现在别人面前，成了笔者后来很长一段时间的奢望。

第一次觉得愿望或许能够实现是初二时无意在《男生女生》杂志上看到的一个作文比赛。"文体不限"四个字在笔者看来像是捡了个大便宜，毕竟笔者那时候写诗！笔者那时候竟然就敢写诗？

报名费30元。

每天在期待中度过，期待有回复，哪怕是退稿。每天都去学校的收发室翻一遍所有的信件，后来，当笔者走到收发室门口的时候，好心的老大爷就会透过窗户冲我喊："今天没有，明天再来吧。"

等了若干个星期，终于收到了回信，同学带给我的，那时候笔者已经褪去了最初的热情，不再每天翘首以盼地去收发室查信件。

看着印有组委会名字的牛皮纸信封，笔者就觉得无比珍贵。信封里面是一张比赛细则和一个印有笔者作品名字的进入复赛的通知。通知上还说，进入复试的选手，每个人再交300元，是复试的比赛费用，包括后续的刊登费。在大半个班级正传看笔者印有组委会名字的牛皮纸信封的时候，笔者突然听说有个初三学姐之前也参加了一个类似比赛，来来回回寄过三次钱，再打组委会电话的时候，已成空号。

笔者打了杂志上留下的电话，不知道是已经空了多久的号码了。

坐实这是诈骗广告的，是笔者后来参加的几个类似的比赛及回复。

然而，最终与文学无缘还要从高中时对现实妥协学了理科开始。每天的氧化还原反应和重力加速度已经足以让笔者忙到焦头烂额，新的一天从七点的早自习开始，到夜里十一点的晚自习结束。那是一段只知道努力把学年排名提高上去的灰暗日子，笔者却不知道哪怕成绩提高了，未来在哪里。

直到高考结束，笔者也并没有向往已久的大学及专业，因为一切都由分数来定，似乎那个三位数就是笔者没日没夜奋斗三年后的全部价值。

笔者迷茫，是因为不清楚方向；笔者泄气，是因为要再一次妥协现实，根据考试分数了解那些听起来就不感兴趣的专业。笔者发觉自己离真正喜欢的事情越来越远，或者，笔者真的足够喜欢写作吗？

大一时误打误撞进了一个叫文学社的社团，是陪室友一起去面试。后来她进了编辑部，笔者进了记者部。没想到的是，年少时曾经期待的，把自己的文字变成铅字展现在别人面前的奢望，第一次在社团主办的第十九期校刊上实现了。

2013 年对笔者来说重要而深刻。当笔者看到"全国大学本科毕业生第一次达到 699 万的最难就业季"的社会新闻以各种方式呈现在面前的时候，自己才第一次清醒地意识到，自己还没有着落呢。并不是笔者后知后觉，而是坚信自己一定会考研成功的想法已经根深蒂固了四年，加上别人持续冠以的"学霸"和"别人家的孩子"的称号也让笔者天真地以为自己本科毕业就一定能够接着顺利读研。

但现实是，那一年的考研，笔者败得一塌糊涂。

带着迷茫和怀念在 7 月清晨五点的雨里离开那座城市的时候，笔者心里同样湿漉漉的。出租车窗外汩汩流下的雨水模糊了笔者视线，同样模糊的，是未来。

在北京找工作的那段日子里，笔者遇到了太多奇葩的故事，以至于有段时间笔者已经决定放弃再找与本专业相关的工作了。

问题只有一个，"我还能做什么呢？"

老天让笔者瞄到了那本边角已经有些卷起的杂志，第十九期校刊。于是简历由一版变成两版，实习编辑的职位成了笔者的首选。

不屑与质疑是再正常不过的事情，但至少他们还给了笔者一次面试的机会，而更多的时候，非新闻专业毕业意味着简历石沉大海。

直到一个做行业报的报社短信通知进入终面，笔者站在人生的十字路口，左脑在和过去的自己、过去的专业说再见，右脑在憧憬着以写字为生究竟是一幅怎样的人生画卷。

然而尚未来得及憧憬完毕，严肃的人事经理就因为笔者不是新闻或中文专业毕业而给出了只够笔者租住在南三环房子的薪资。

走出大厦后五分钟，笔者收到了主编发来的短信："你初试时写的稿子只是缺少一些规范性，但我看得出，你对文字的把握能力还是不错的。还想在这个行业继续做下去吗，写作方面，我倒可以帮帮你。"

刘同说，"最黑暗的日子里，别人帮你不是给予金钱上的东西，而是给你信心。"信心这件事儿，真好。

笔者本以为自己已经强大到可以适应任何失败，适应一次次没有结果的面试，适应陌生的冷漠，却不知道自己会脆弱得适应不了仅两面之缘的人送来的一句温暖鼓励的话语。

笔者拒绝了主编的好意，只是因为笔者知道，不能轻易辜负别人的好意。但那条短信，笔者保存了很久很久。

捧着刘同签过名的《谁的青春不迷茫》，过去关于文字点点滴滴的回忆就又这样清晰地呈现在笔者脑海里。谁的青春不迷茫呢？而在青春迷茫的众多形式中，有一种叫想做却又不敢做。

看着他的签名，一种陌生又熟悉的感觉涌上心头。笔者只是想去真正动笔写点什么了，不再只是想想。

但，万事开头难，真的难。

除了本科毕业论文，作为理科生的笔者没再写过超过一万字的文本。

然而，白天要上班，要做实验，只有晚上的时间可以用来写作。尽管这样，写作速度竟然没有因此减慢，因为笔者常常会写到凌晨三四点钟，睡上两个半小时再接着起床，洗漱，上班。

没人知道笔者在熬夜继续着一种所谓的爱好，只有几本常看的书籍做伴，用于休息片刻，提神醒脑。

笔者还记得，那年的五一假期，自己提前推掉了所有安排，只想埋头写字。所以从 4 月 30 日的晚上开始写，除了匆匆吃饭，偶尔睡觉，等再次意识到时间的时候，已经是 5 月 3 日的傍晚了，那几天，笔者写了三万字。

或许只有发自内心地喜欢一件事的时候，人才会如此投入，不知疲倦吧。

笔者同时天真地以为，只要写够十万字就一定能找到合适的出版社，出版自己的第一本书。

所以那是一部在四十二天完成的作品，接近十一万字。

在陆续改了三稿之后，笔者开始充满信心地向出版社投稿。

然而，没人肯把它出版。

新人，没有代表作，主题不适合下半年出版，不接受青春文学类投稿……

是它不够好。笔者知道，至少笔者应该知道。但笔者不知道的是，它究竟不好在哪里。

还是挺受打击的。

后来，有编辑跟笔者聊，"你入题太慢。"

然后，笔者向现实妥协了，却把它改到面目全非，改到自己都不再想看。

时间就这样拖到了 9 月，那一年笔者决定二次考研。9 月的某一天，考研倒计时一百天整。

那天笔者正在北京的欢乐谷疯狂解压。

从过山车上下来，笔者想通了一件事，就是再次暂时放弃写作。在当下看来，那是最理智的决定。因为如果再一次考研失败的话，笔者觉得自己这辈子再也不会尝试考研了，但写作，未来还有很多时间可以用。

　　在那个既漫长又稍纵即逝的一百天里，笔者关掉小说，打开高数，在地铁上不再天马行空地构思小说框架，而是开背单词，深夜里不再码字，而是体会政治原理，做模拟试题。

　　还好，最后笔者的努力换来了一张硕士研究生录取通知书。再次尘埃落定的那天，笔者长舒一口气，心里无限感慨，不断地努力，然后不断地接近目标，终于有一天，生活给了自己一个暂时满意的答案，就很美好了。

　　而写作，是一件需要灵感和考验耐力的事情。重新拾起一年前写下的文字时，那些熬夜码字的场景也一并浮现在笔者脑海里，但再次看到一年前写下的文字时，笔者却再找不到相似的感觉。

　　数次尝试修改，笔者却陷入无法前进的死循环，写作不应该是这样的一种状态。在进退两难之间，笔者开始动摇，不是动摇要不要继续写下去，而是动摇要不要放弃曾经倾注过那么多心血的作品。

　　后来，它依然还是躺在笔者的计算机里的那部青涩作品，独立的文件夹成了笔者路过 D 盘时经常光顾的内容，因为那里面的十一万字，就像是笔者一路走来留下的脚印，在笔者有能力证明它们存在价值之前，至少可以证明笔者开始行动了。

　　笔者尝试转变视角，写一些天马行空、荒诞乖萌的短篇，试图将那些震撼人们心灵的社会热点、备受关注的现代话题和启迪人们成长的积极能量融入自己的作品，但用荒诞的情节和丰富的视角展现主题。所以在那段日子的作品里，热带雨林同样上演着毕业季，命运多舛的蟑螂留下了简短的遗书，富二代流浪狗在走失的两年里学会了独立，只有七秒记忆的鱼也能收获爱情，哪怕是一枚十年前的果冻，也似乎有着神奇的魔力，激发了一个曾经懦弱的少年重新充满勇气……笔者希望它们能如童话一般清澈又深刻，给人能量，引发共鸣。

　　写了又写，投了又投，没有回应，于是再次慌乱了自己的方向。只有事实能够证明，这是一条人迹罕至的路。

　　慢慢地，开始有朋友对笔者说，"越来越喜欢看你写的短篇了，"笔者才知道，再人迹罕至的路，或许也能遇到同行的人。

如果文字是每一个写作者的武器，那么笔者的武器似乎又钝又沉，却绵软无力，笔者带着它艰难地上路，走在峡谷，穿越山涧，无论怎样喊话，都没有回响。

就这样断断续续地写作，时间快进到读博士的第二年。是的，正如不再期待真的有一天能够将自己的文字作品出版，很久之前的笔者也不曾想到，自己会一路读到博士。

被封锁在家的 2020 年，笔者通过网络自学了很多课程，也意外地结识了一位负责图书出版的编辑。她在了解笔者的专业背景后，建议笔者写一些关于青少年学习方法或农业科普的相关内容。共同探讨选题方向的那些日子里，笔者其实还在同时做着另外一件事，就是开始利用短视频分享科研学习方法。

命运的齿轮开始转动。那些关于科研学习方法的短视频开始慢慢为笔者积累了一定数量的粉丝，他们中的大多数人也和读研之初的笔者一样，带着很多关于科研工作的迷茫。笔者按部就班地思考如何输出更多有价值的内容，没有想过这些内容也可以换一种形式呈现在更多人的面前。

编辑联系笔者，说清华大学出版社的一位编辑对笔者分享的科研学习方法很感兴趣，想要以此为主题策划出版图书。笔者很意外，也很开心。在与清华大学出版社编辑进一步沟通后，笔者提交了选题申报表等材料，没想到一周以后就收到了"选题过审"的通知。

签下出版合同的那天，笔者的心情有些复杂。从学生时代的作文比赛，到盲目自信地以小说写作为乐趣，再到学习如何撰写短视频的文字脚本，笔者没有在写作这件事上做过什么破釜沉舟的选择，只不过是在断断续续中没有彻底放弃而已。幸运的是，那个"把自己的文字变成铅字展现出来"的愿望真的要在 20 多年后成为现实了。

笔者不免有些恍惚，自己曾以为独立出版一本书，对自己而言只不过是遥远的执念。

或许，无数次的兜兜转转真的能够换来峰回路转。正如那么多"守得云开见月明"的故事，所以啊，不能急着忧伤，等了那么久，总要见见月亮才好。

参 考 文 献

[1] 于淼. 现代科研指北[M]. 北京：电子工业出版社，2022.

[2] 丁志伟. 研究生是如何练成的：学术研究与论文写作导引[M]. 北京：中国经济出版社，2019.

[3] 王战军. 中国研究生教育质量报告[M]. 北京：中国科学技术出版社，2022.

[4] 安妮·李. 研究生科研入门[M]. 高武奇，译. 北京：清华大学出版社，2022.

[5] 扎卡里·肖尔. 带一本书去读研[M]. 北京：新华出版社，2022.

[6] 玛丽安·彼得，戈登·鲁格. 给研究生的学术建议[M]. 彭万华，刘文月，译. 北京：北京大学出版社，2021.

[7] 陈愉. 30岁前别结婚[M]. 南京：江苏凤凰文艺出版社，2020.

[8] 李梦霁. 允许一切发生[M]. 苏州：古吴轩出版社，2023.

[9] 李龙飞，张国良. 算法时代"信息茧房"效应生成机理与治理路径：基于信息生态理论视角[J]. 电子政务，2022，(9)：51-62.

[10] 张玉梅，周敏. "阳光型"抑郁症的解读与干预措施[J]. 政工学刊，2019，(6)：63-65.

[11] 李永龙. 运用心理效应巧施教育策略[J]. 基础教育参考，2010，(10)：58-61.